MODERN FINANCE SERIES

现 代 金 融 译 丛

MODERN FINANCE SERIES
现代金融译丛
实务类

金融监管与合规

H. 大卫·科茨（H.David Kotz） / 著

邹亚生　马博雅　邵子馨
钟依芹　刘毓灵　张　元　邹宛宏　/ 译

中国金融出版社

责任编辑：张智慧 赵晨子
责任校对：张志文
责任印制：丁淮宾

北京版权合同登记图字 01 - 2016 - 7572

《金融监管与合规》一书中文简体字版专有出版权属中国金融出版社所有，不得翻印。

图书在版编目（CIP）数据

金融监管与合规（Jinrong Jianguan yu Hegui）／［美］H. 大卫·科茨（H. DAVID KOTZ）著. 邹亚生等译. —北京：中国金融出版社，2018. 1

ISBN 978 - 7 - 5049 - 9196 - 6

Ⅰ. ①金… Ⅱ. ①H…②邹… Ⅲ. ①证券交易—金融监管—研究 Ⅳ. ①F830. 91

中国版本图书馆 CIP 数据核字（2017）第 226808 号

出版
发行　**中国金融出版社**
社址　北京市丰台区益泽路 2 号
市场开发部　（010)63266347，63805472，63439533（传真）
网 上 书 店　http：//www. chinafph. com
　　　　　　（010)63286832，63365686（传真）
读者服务部　（010)66070833，62568380
邮编　100071
经销　新华书店
印刷　保利达印刷有限公司
尺寸　169 毫米×239 毫米
印张　14
字数　172 千
版次　2018 年 1 月第 1 版
印次　2018 年 1 月第 1 次印刷
定价　49. 00 元
ISBN 978 - 7 - 5049 - 9196 - 6
如出现印装错误本社负责调换　联系电话　（010)63263947

参加翻译者名单

邹亚生　对外经济贸易大学
马博雅　美国罗切斯特大学
邵子馨　美国布兰代斯大学
钟依芹　美国乔治城大学
刘毓灵　对外经济贸易大学
张　元　英国伯明翰大学
邹宛宏　英国剑桥大学
最后由邹亚生、邹宛宏总校

前　言

　　金融领域中很少有比规章制度更让圈外人困惑的话题了。我们中有很多人都了解金融估价，甚至明白深奥的未定债券分析的晦涩的技术性、连接函数和风险映射算法。但是银行的监管和规章制度都足以让大部分的金融分析师目光呆滞，更不用提证券公司的了。

　　尽管如此，合规部门是任何金融机构中最重要和最有价值的部门之一。合规并不只是记录保存。正如近期危机时代的诉讼所示，正确的合规管理可以帮助减少之后庞大的法律成本费用。尽管我们可能并不愿意承认，但是合规确实可以创造价值。

　　问题在于并没有很多人——无论是金融从业人员、政策制定者、有时甚至是合规专家——真正理解合规。其中一部分问题源于独特的路径依赖已经创造了一个破碎的监管结构，描述一些来自机构一些来自部门，从而创造了不少的监管重叠。在承担"主要"监管责任后，连理解谁真正负责什么，也是让人倍感困惑的。

　　我是在开始为欧盟议会职员提出有关他们自身金融监管改革的建议时，认识到这一点的。那时，美国正（现在也在）催促他们直接模仿美国机构的特征，但是欧盟职员并不是很理解这些特征。因此，我们便展开了一个近两年的项目来教育职员这张巨大的混乱的——对于外行则是彻底让人糊涂的美国金融监管结构。

　　当我们谈及行政法——即规章管理——还有其相应的执法、辩护和申诉的场所时，问题变得更加突出。即使我只能在少许几个领域内用多种已有的资源对这些话题展开调研，现有的这一卷手稿所包含的内容比任何之前围绕这个话题展开的著作都要多得多。

此外，这本书对证券规管的分析还涉及了金融监管较新的领域，涵盖了证券的部分。从历史角度出发，只有银行是被监管的——即，银行需要面对调查并向监管人员提供机密记录，还需面临制裁的可能。但是近年来，证券交易委员会的执法部门规模迅速扩大，而且如果一些政策制定者如愿以偿的话，它还会继续扩大。

伴随着这样的发展，银行管制的一些令人烦恼的问题似乎也流入到了证券管制的领域里。合规检查办公室（OCIE）2015年的调查重点里，证券交易委员会更加强调"运用数据分析识别潜在非法活动的信号"。想法是可以通过交易或支付规律找出"可能参与诈骗性和/或其他非法活动"的公司或经纪人。可见，分析演练被用于决定谁最有可能违反反洗钱或其他相关禁止规定。

这个想法总体上是好的，但是在银行领域中的实践却充满争议。近年来，美国财政部在推动银行管制者开展类似瓶颈行动的项目。此外，联邦储蓄保险公司近期则试图放弃这种方法，因为很多银行和企业都因为不必要的调查而承受了巨大的损失。重点在于虽然企业行为的一些规律可能与违法活动相关（例如零售领域信用卡的高退款率），几乎没有什么可以区别这些和商业中那些仅仅是遵循类似原则的合法活动。这就是为什么欺诈能够成功。

本书作者作为证券交易委员会前总检察长，有幸亲自体验监管是如何操作的，以及被管理群体是如何看待他们的。长久以来我很欣赏他在证券交易委员会的工作，因为他能够在我们国家金融史上的一段特殊时期里有效地负责着一个非常重要的监管机构。这本书里，他凭借着自身丰富的经验为合规专家针对很多重要的方面提供了切实的建议。他还集合了其他很多人，包括数位前高级政府官员的独特经验，使得该书更加全面和具有价值。这本书是金融领域合规专业人士的必读之物，并且，就像监管原则被用于金融市场管理

一样，为了应对新的监管和行政法律给行业带来的压力，该书也变
得更加重要。

约瑟夫 R. 梅森，the Hermann Moyse, Jr.

路易斯安那银行家协会银行名誉教授

路易斯安那州立大学金融学教授

沃顿商学院高级研究员

序

    2008 年 3 月 10 日起的这一周，我刚上任美国证券交易委员会（"SEC"）总检察长几个月。我是在担任过维和部队总检察长后来到证券交易委员会的。在维和部队里面，我在尝试落实可以确保维和部队志愿者安全和保护时处理过很多有意义的事情，一些甚至生死攸关。我大部分时间都在与外国政府合作，协助追究那些对维和部队志愿者犯下令人发指的罪行（例如侵犯人身、强奸甚至谋杀）的人。我的工作给我带来了极大的成就感，并且我们当时为志愿者实施的保护措施至今还存在。不过在维和部队工作会相对低调，虽然我在担任总检察长期间在国会面前作过一两次证，但是大部分时间我们还是能够在公众视线外工作的。我还能回忆起我当时面试证券交易委员会时，前主席克里斯托弗·考克斯在我的面试结束后，跟我说了大致如下的话："你会意识到，在这里工作，和在维和部队工作会完全不一样。"关于这一点，他确实说对了。

    我是证券交易委员会史上第二任总检察长。前一任在这个岗位上待了 18 年，最近在国会山为他在任期间不够强硬的抱怨中退休了。2007 年我来到证券交易委员会不久，我就收到了来自爱荷华州参议员查尔斯·E. 格拉斯利（当时金融参议委员会的高级成员）的一封信。在信中，他提到了上一任总检察长的任职，并且表示希望我们可以更加强硬一些。我认识到我正在被认真地观察着，而大家对我担任这个职位的期望很高。

    我还能很清晰地想起 2008 年 3 月 10 日这一周贝尔斯登流动性问题

的消息传开时，证券交易委员会内部的焦躁不安。当然，2008 年 3 月
16 日 JP 摩根在纽约联邦储蓄银行（"FRBNY"）的资助下购买贝尔斯
登时也引起了不小的骚动。我当时并没有意识到这些事件对我的人生
有多么大的意义，又或是在接下来的全球金融危机将会扮演多么重要
的角色。

2008 年 4 月 2 日，我又收到了来自格拉斯利的一封信，要求我们
分析研究证券交易委员会对其综合检察实体（"CSE"）项目下的企业
的监督，以及在证券交易委员会风险评估项目下的经纪商和交易商。这
封信要求对证券交易委员会在所监督的投资银行（尤其是贝尔斯登）
上面的失职进行反馈，还要求我们分析证券交易委员会对贝尔斯登监
控是否到位有效，并提出改善证券交易委员会项目的建议。

综合检察实体项目是证券交易委员会为了能够综合地监督一些经
纪交易企业而在 2004 年创立的一个自愿性项目。这些实体包括贝尔斯
登、雷曼兄弟、高盛、摩根斯坦利、美林证券、花旗银行和 JP 摩根。
综合检察实体项目允许证券交易委员会来监控一个综合检察实体企业
或不被管控的附属机构是否存在可能会给受到管控的经纪商和交易商
以及其他被管控的实体带来的风险的财务性或操作性漏洞。综合检察
实体项目的主旨，大致可以被概括如下：

该制度目的在于允许委员会来监控并及时处理综合检察实体企业
或其未受管控的附属机构存在的可能会给受管控实体，包括美国和在
外登记的银行以及……经纪商和交易商，或整体的金融制度带来风险
的财务性或操作性漏洞。①

那时，我认识到对贝尔斯登破产的情况以及综合检察实体项目的
有效性进行透彻全面的评估是多么必要，并且我知道这是一个展示我

---

①　参见证券交易委员会对于贝尔斯登及相关实体的监管：综合检察实体项目，证券交易委员
会总检察长办公室，446 - A 号报告，2008 年 9 月 25 日，载 http://www.sec.gov/about/oig/audit/
2008/446 - a. pdf。

们可以对证券交易委员会及其项目进行强硬管理的机会。因此，我决定这次评估和审计将会全力以赴，并且我其中一个最初评估结论就是"不可否认综合检察实体项目对贝尔斯登的监督上并没有履行其应有职责，因为在委员会和综合检察实体项目的看管下，贝尔斯登出现了严重的财务性缺陷，使得纽约联邦储备银行于2008年3月10日这一周进行必要干涉，以防宏观金融系统遭受严重的危害。"①

这次审计中，我们还发现了许多具体的有关证券交易委员会对综合检察实体项目的监督的问题，包括事实上，虽然证券交易委员会在贝尔斯登成为综合检察实体企业前就认识到贝尔斯登的抵押证券数量多年来一直在增加，并且已经超过了其内部极限，而且其中一部分抵押贷款（例如可调利率抵押贷款）展示了极高的市场风险，证券交易委员会并没有采取任何行动去限制贝尔斯登的抵押贷款集中度。我们在贝尔斯登问题上也毫不留情，因为根据我们的总结，贝尔斯登的风险管理方面存在明显缺陷，比如贝尔斯登风险管理者和交易者之间的亲近，暗示着其缺乏独立性。

我们的分析结果在证券交易委员会内部引起了巨大的反响，并且很多人都表达了这份报告对证券交易委员会的信誉和可信度带来的冲击的担忧，因为这可能会负面地影响证券交易委员会参与监管的能力。甚至有观点认为因为我们的报告而被削弱的证券交易委员会将会使政府更加难以控制即将到来的严重金融危机，还有关于是否应该将整个报告对外进行公示的建议。尽管如此，我决定更重要的事情是让国会和公众了解贝尔斯登破产和证券交易委员会疏忽的缘由，所以我反对对报告进行大幅修改，只在轻微调整后将其发布。

国会官员们很欣赏我即使在这种困难时期也愿意准确地汇报评估

---

① 参见证券交易委员会对于贝尔斯登及相关实体的监管：综合检察实体项目，证券交易委员会总检察长办公室，446 - A 号报告，2008 年 9 月 25 日，载 http://www.sec.gov/about/oig/audit/2008/446 - a.pdf。

结果的做法。接下来，金融危机调查委员会（FCIC）在努力研究造成金融危机的原因时也广泛地应用了我的报告。我在几个月期间多次与金融危机调查委员会官员会面，并最终针对我在 2008 年的发现在金融危机调查委员会出席作证。

考克斯主席告诉我担任证券交易委员会总检察长和在维和部队工作大有不同，这点很有先见之明。我在证券交易委员会任职期间，还进行了其他几次备受瞩目的调查，例如调查为什么证券交易委员会没有能够揭穿伯尼·麦道夫的 500 亿美元庞氏骗局。在公众的关注下，又要试图检察每天其实都在和我一同工作的人，的确是件很有挑战性的事情。

但是，我担任证券交易委员会总检察长的这四年多也收获颇丰。此外，经历过全球金融危机的监管风暴中心和可以第一时间看到国会的反应，这些经验让我决定写下这本书。在国会当年商讨后来的多德—弗兰克法案和消费者保护法案时，国会官员们经常询问我关于立法的见地和指导。反馈时，我会尽可能考虑到现实中的企业和合规官将如何被这些监管举措所影响。我已经见过太多次对于一些权力限制在理论上被认为可行的法规，实践中起着不同的作用。

现在多德—弗兰克法案已经设立，很多基础法规也有了成果，所以我认为像我一样的前政府官员有责任协助企业来应对现有的很多有所重合的法规。在多位受人尊敬的专家的帮助下，我努力在这本书里给希望了解如何应对这些法规责任的合规专家具体的、步骤性的指导。我希望这本书里面的信息可以帮助合规官和企业更有能力去充分履行自己的法规责任，同时实现他们的职业和道德目标和任务。

感　　谢

　　我想要感谢我在伯克利研究小组的同事们对于这本书的初稿作出的建设性意见和修改。我尤其想要指明亚历山德拉·马丁（以下简称亚历克斯）和马修·卡塞利（以下简称马特）。亚历克斯在收集我与一些著名专家的访谈时帮了很大忙，并且对于该书的方方面面都提供了意见与建议。马特这次也一如既往地熟练地帮我修改书稿并且提供给我非常有价值的指导和方向。

　　此外，书中很多，甚至是大多数珍贵的信息，并非来自我而是由很多位专家提供，他们忙里抽闲与我探讨并针对书中的多个话题提出了他们自己的看法。这些专家——艾米·林奇、马特·德怀尔、黛比·蒙森、布拉德·邦迪、理查德·罗斯、肯·麦克拉肯、杰伊尔·奈特和汤姆·福克斯——提供了十分多的信息，并且和他们合作让人心情非常舒畅。我很开心并且感到荣幸能够与他们讨论关于他们熟悉的监管领域，并且将他们的良言指导写进这本书里面。

　　最后，我还非常感激来自 John Wiley & Sons 的团队，尤其是托马斯·海克利、特莎·艾伦和杰拉米·奇亚。这对我来说是个很有个人意义的项目，因为我非常荣幸能够在我已故的父亲——塞缪尔·科茨博士曾经出过很多书的出版商来出版这本书。与托马斯、特莎和杰拉米一起合作十分愉快，我也非常感谢他们为这个项目带来的活力和奉献。

关于作者

　　H. 大卫·科茨（华盛顿，D.C.）现今任职伯克利研究小组（BRG）的董事总经理。BRG 是一家前沿全球专家服务和咨询公司，向全球主要的法律事务所、财富 500 强、政府机构和监管实体提供独立的专家作证、立法和监管帮助，权威性研究，战略性建议以及文件和数据分析。他是 BRG 资本市场实践的成员，并专攻经纪人—交易商、投资顾问、对冲基金、保险公司以及银行的规管和证券交易。他会针对很多领域例如证券欺诈、庞氏骗局、证券市场监管、内部管理风险政策、期货佣金商的法规和商品交易法规等相关内容，为其客户进行建议，并代表客户作为专家出席作证。他还为与政府机构签订了延期执行协议以及类似协议的企业进行内部调查并担任合规监管者。在 BRG 就职之前，科茨曾担任过四年多的美国证券交易委员会（SEC）总检察长。

目　　录

第一章　监管权限

——谁监管、监管谁、监管什么

如今，合规人员面对着一系列繁复又令人困惑的监管机构和监管规定。在金融危机的余波下，新的监管规定及监管人日益彰显的进攻性使对金融机构的合规要求与日俱增。监管变更的程度和速度也给合规部门带来了新的不同的压力。金融监管规定是随着金融市场及危机的发展逐步完善的，因而很多监管机构被重复设置。2010年7月21日生效的《多德—弗兰克华尔街改革和消费者保护法案》（以下简称《多德—弗兰克法案》）是自大萧条之后金融行业最彻底和全面的变革法案。《多德—弗兰克法案》得以通过的主要原因，就是去监管化允许并鼓励了华尔街过度放纵，导致了金融危机。

过去这些年，金融监管系统经历了数次变革以应对不同来源的潜在的金融市场变动，并试图对监管空缺制定法规并建立一个完整的体系。伴随着每次新危机的发生，监管系统就会致力于修补漏洞。但这却带来一个复杂的、致使联邦机构多重执法的监管系统。而且，国会已经采纳了由行业自律组织（SROs）进行自我监管以避免政府干预市场行为的建议，这也是更有效且节省预算的监督方式。然而，自律组织的监督应是增加联邦政府层面的监督，而非替代它。这样的设置给合规人员带来巨大的困惑——他们的职责就是去分配有限的资源，去满足这些多重监管体系的监管要求。

1.1　联邦金融监管体系

接下来将介绍目前的联邦金融监管体系，包括监管机构和被他们监管的金融机构。联邦机构会监管银行机构、证券和期货交易所、经纪人、交易商、对冲基金和投资顾问。其中监管银行的机构有：联邦储备系统（通常称为"联储"，起牵头作用），其监管范畴包括联邦储蓄银行控股公司、金融控股公司、联储体系内的州立银行、外资银行的美国分行，以及美国银行的境外分行；① 货币监理署（"OCC"）监管国内银行、外资银行的美联邦分行；联邦存款保险公司（"FDIC"）监管联邦保险的储蓄型金融机构，包括非联储体系内的州立银行；② 美国储蓄管理局（"OTS"）监管联邦特许和保险的银行机构，以及储蓄与贷款控股公司；③ 美国信贷联合会管理局（"NCUA"）监管联邦特许和保险的信用合作社。④ 在银行监管体系外，证券交易委员会（"SEC"）监管证券交易所和经纪人。⑤ 最后，商品期货交易委员会（"CFTC"）监管期货交易所和经纪人。⑥

1.2　证券交易委员会（SEC）

国会在1934年成立证券交易委员会以执行1933年的《证券法》和1934年的《证券交易法案》（"交易法"）⑦。证券交易委员会的使命就是保护投资人，维护公平、有秩序和有效率的市场，并促进集资⑧。证

---

① 需要了解联邦储备系统更多资料，请查网页 www. federalreserve. gov/.
② 需要了解联邦存款保险公司更多资料，请查网页 www. fdic. gov/.
③ 关于 OTS 的更多背景，请参见 www. ots. treas. gov/.
④ 关于国家信贷联合会管理局的更多背景，请查网页 http：//www. ncua. gov/Pages/default. aspx.
⑤ 关于证券交易委员的更多背景，请参见 www. sec. gov/.
⑥ 关于 CFTC 的更多背景，请参见 http：//www. cftc. gov/index.
⑦ 参见 1933 证券法编纂收录在 15 U. S. C 部分 77a 以及下列；1934 交易法编纂收录在 15 U. S. C 部分 78a 以及下列.
⑧ 参见 http：//www. sec. gov/about/whatwedo. shtml#. VNOU29hOW70.

券交易委员会监督着证券世界的关键部分，包括证券交易所、证券经纪人、交易商、投资顾问和基金。证券交易委员会的主要关注点是促进市场相关信息的披露，保障交易公平，并打击欺诈。[①]

尽管证券交易委员会是美国证券交易市场的主要监督人和监管人，它也同样与其他联邦部分和机构、自律组织、州立证券监管机构和多元化的个人组织合作。比如，证券交易委员会主席会与联储主席、财政部长、商品期货委员会主席组成总统金融市场联席工作组。

证券交易委员会由五名总统任命的理事组成，任期为五年。法律规定，来自同一党派的理事不能超过三名。机构的总部设在华盛顿特区，下设5个部门（公司融资监管部、市场交易管理部、投资活动管理部、执法部和经济与风险分析部）23个办公室[②]。

证券交易委员会的公司融资监管部监督公司将信息公布于市场。公司被要求在股票初始被出售时即按照规定披露信息，并在随后连续定期披露。公司融资部（"CorpFin"）会审查公司存档的披露文件。公司融资部也会为公司提供证券交易委员会规定解释方面的协助，并对证券交易委员会新规定征求建议[③]。

证券交易委员会市场交易管理部的职责是维护公平、有序并有效的市场。市场交易部会对证券市场的主要参与者进行每日监控：证券交易所、证券公司、自律组织、促进交易交割的清算机构、过户机构、簿记方、证券信息处理机构以及信用评级机构。这个部门也监督着美国证券投资保护公司（"SIPC"），证券投资保护公司是私立非营利性公司，当券商破产时，为客户在入会成员券商开户的证券和现金资产提供保险[④]。

---

① 参见 http：//www. sec. gov/about/whatwedo. shtml#. VMaC8dhOW70.
② 同上。
③ 查阅更多公司融资部的信息，请参见 http：//www. sec. gov/corpfin.
④ 查阅更多证券市场管理部的信息，请参见 http：//www. sec. gov/tm#. VMaDA9hOW70.

　　证券交易委员会的投资活动管理部通过监督监管全美 26 万亿美元的投资管理行业，实现对投资人的保护并促进集资。这个行业包括基金、为基金提供建议的专业基金经理、大类资产和专项资产的分析师，以及私人理财顾问。证券交易委员会投资管理的关注点是确保针对这些投资披露信息对零售客户有帮助，并且客户必须承担的监管成本不昂贵①。

　　执法部是证券交易委员会的法律执行部门。他们会针对违反证券法的行为启动调查，决定是作为联邦法院下的民事诉讼还是行政诉讼法裁决下的行政诉讼程序，并代表证券交易委员会发起诉讼。执法部也与联邦其他法律执行部门紧密合作，比如联同司法部处理刑事案件。执法部会获取可能违反证券法的证据，通过市场监管活动、投资人的推荐和意见、证券交易委员会的其他部门和办公室、自律组织和证券行业的其他信息渠道②。

　　证券交易委员会的经济与风险分析部（"风险部"）会整合证券交易委员会的经济与数据分析工作，为证券交易委员会政策制定、规则制定、法律调查执行和检验提供帮助③。

　　证券交易委员会的其他办公室还包括：总法办公室、总会计师办公室、信用评级办公室、国际事务办公室、投资者教育与指引办公室、合规监督与检查办公室（"OCIE"）。合规监督与检查办公室负责证券交易委员会针对注册经纪人、中介、清算所、投资公司及投资顾问的检查监督项目。合规监督与检查办公室会监督对证券法的合规培训并侦查违规行为。当合规监督与检查办公室发现漏洞缺陷后，会发出"缺陷函"指明需要改正的问题，并持续监督直至达到合规标准。严重的违

---

　　①　查阅更多投资活动管理部的信息，请参见 http：//www. sec. gov/investment.

　　②　更多关于调查执法部门的信息，查阅网址 http：//www. sec. gov/enforce#. VMaDvdhOW70.

　　③　更多关于风险部门的信息，查阅网址 http：//www. 证券交易委员 .gov/about/what-wedo. shtml#. VMaDy9hOW703.

规行为会交由法律调查执行部处理。合规监督与检查办公室也监督自律组织包括国家股票交易场所（如纽约股票交易所、纳斯达克、芝加哥期货交易所）注册的清算代理机构、市政证券规则制定委员会和美国金融业监管局（FINRA）①。

合规监督与检查办公室监督着金融业监管局和其他自律组织以确保他们及成员遵守相应的联邦证券法律及自律法规。如同对其他自律组织的监管职责，证券交易委员会也负责确保金融业监管局履行规定的对经纪—交易商监管的责任。证券交易委员会同时监督自律组织如金融业监管局规则执行和管理情况。这些监管需求包括一个自律组织与证券交易委员会一起归档一项规则变更并将其发布在公众网站上。然后证券交易委员会在联邦文件局发出拟更改规则提示，以便让感兴趣的人有机会针对拟修改规则提出书面意见。同时，证券交易委员会复查拟修改规则并考虑公众意见和自律组织反馈，如果有的话。接下来证券交易委员会决定拟修改规则是否与现行法律法规的要求相符合，如果是，就同意修改规则。

像金融业监管局这样的自律监管人，会负责对证券市场、经纪人和交易商进行日常监督。具体地说，自律组织主要是负责建立起其会员须遵守的标准，监督其会员的行为，并对违反相应联邦法规、证券交易委员会规则和自律组织规定的会员行为进行约束。

1.3　美国金融业监管局（FINRA）

金融业监管局是全美唯一注册的国家证券业协会，并对美国从事公众交易的全部证券经纪人和交易商进行监管。金融业监管局的使命是保护公众投资人免受欺诈和不当行为。所有的经纪人必须通过金融业监管局注册并获得执照，通过合格考试并满足继续教育的要求。金融

---

① 更多合规监督与检查办公室的信息，查阅网址 http://www.sec.gov/ocie#.VMaEBdhOW70.

业监管局会进行例行检查，也会针对投资者的抱怨和可疑活动进行质询。金融业监管局也会审查所有经纪人的广告、网站、销售手册和其他信息，确保它们展现的信息公允均衡。金融业监管局也同时监督美国股票市场的交易行为①。

当金融业监管局认为投资人被损害时可开展专项调查活动。金融业监管局的调查是非公开且保密的，公司和个人有权由律师代理。为开展调查，金融业监管局会从公司和相关个人索要文件和誓言证词。金融业监管局也可以向其管辖外客户、其他个人或愿意向金融业监管局提供信息的志愿者去了解其管辖成员的行为。然后金融业监管局分析其获得的证据，调阅相关法律，去初步判定是否存在违规行为。如果认定有违规行为，金融业监管局会决定是否有必要采取正式的惩戒措施。如果该违规行为对投资人及市场的影响较小，金融业监管局将会用非正式的惩戒措施解决。否则，金融业监管局会通过更正式的路径展开全面的执法程序。2014 年金融业监管局针对注册的公司和个人提起了 1397 起违规惩罚，开出罚单累计超过 1.34 亿美元，补偿受害的投资人超过 3230 万美元。②

金融业监管局也通过像"经纪人检查"这样的系统为投资人提供指引，投资人可快速查询经纪人合规情况和专业背景。在金融业监管局的市场数据中心，投资人可以找到权益股票、期权、债券和基金的数据。③ 金融业监管局的交易报告与合规系统（"TRACE"）通过为投资人提供及时准确的公司和代理债券的价格信息，帮助投资人监控他们的债券投资④。金融业监管局有一个争议仲裁机制，为超过 70 个地区，

---

① 更多 FINRA 的信息，查阅网址 http：//www. finra. org/.

② 查阅网址 http：//www. finra. org/AboutFINRA/WhatWeDo/.

③ 更多 FINRA 市场数据中心的信息，查阅网址 http：//finra – markets. morningstar. com/Market-Data/Default. jsp.

④ 更多关于 TRACE 的信息，查阅网址 http：//www. finra. org/Industry/Compliance/MarketTransparency/TRACE/.

包括全部 50 个州内至少一个城市、伦敦和波多黎各，提供证券行业相关的仲裁和调解①。

1.4　商品期货交易委员会（CFTC）

与证券交易委员会对应的期货交易商和经纪人监管是商品期货交易委员会。商品期货交易委员会是美国政府机构中一个独立的机构，负责监管期货和期权市场。商品期货交易委员会的使命是"保护市场参与者和公众免受欺诈、恶意操纵、滥用权力的行为的损害，以及降低有关的衍生产品（期货和互换等）的系统性风险，促使市场更加透明、开放、竞争和财务健全"②，商品期货交易委员会声明它履行这项职责是通过"为各种衍生品市场制定政策，以确保投资者的资金安全"③。

在履行这一使命时，商品期货交易委员会为各种衍生品市场制定政策，以确保投资者的资金安全。商品期货交易委员会也负责监督指定的合约市场，互换交易执行机构，衍生产品结算机构、交换数据存储库、掉期交易商、期货佣金商、期货基金经理人和其他中介机构。

商品期货交易委员会划分为三个主要职能部门：市场监管部门、结算与中介监督部门和执法部门。商品期货交易委员会的市场监督部门确保能在有效地经营期货市场的同时没有操纵和欺诈的行为。这些任务通过审核和分析许多不同的仪器和产品，来确保它们不会这样容易受到操控。市场监督部门也进行活跃市场和指定合约市场（简称"DC-Ms"）上贸易行为的监管，就像对纽约商品交易所的监管。交易员在指定合约市场上建立头寸就要按要求报告，这样商品期货交易委员会可以通过估计头寸的大小来预防和阻止操纵行为。市场监督部门也管理

---

① 更多关于争议仲裁机制的信息，查阅网址 http：//www. finra. org/ArbitrationAndMediatation/FINRADisputeResolution/.

② 参见 http：//www. cftc. gov/About/MissionResponsibilities/index. htm.

③ 参见 ibid.

大型交易商的活动、标的价格间关系和国内约1400个活跃期货和期权合约的相关供求因素，以确保市场的完整性。此外，商品期货交易委员会跟踪监管的经济学家每周为接近其到期日的期货及期权合约准备总结报告。

商品期货交易委员会的结算与中介监督部门确保受商品期货交易委员会监管的市场交易的金融完整性。这个部门需要确保管理基金的中介机构是合法注册、进行适当的记录、有足够的资本、进行公平销售行为以及客户投资资金是受到保护的。受商品期货交易委员会监管的中介机构包括银行、进行专业期货交易操作的经纪—交易商等期货佣金商（"FCMS"），以及独立的期货交易商行。[①]

商品期货交易委员会的执法部门调查和起诉侵犯有关联邦法律的个人和公司，他们从事的商品交易活动直接或间接地影响国内交易所的商品期货和期权交易。这些联邦法律在期货或期权的交易市场上禁止欺诈和滥用行为。例如，夸大保底利润、非法减少风险和扭曲历史表现等。并且商品期货交易委员会有权对于侵吞顾客资金行为执法，或将此类事件转交给刑事机构处理。[②]

商品期货交易委员会负责执行商品交易法（CEA）（出自美国法典第一章节），禁止在期货合约的交易中出现任何欺诈行为。商品交易法（CEA）同时还建立了一套综合全面的管制结构以便监督波动的期货市场。CEA要求所有的期货佣金商都要在美国商品期货交易委员会注册登记，除非他们达到了特别豁免的要求。[③] 美国商品期货交易委员会的规定宣布根据商品交易法所有登记过的期货佣金商都必须成为期货协

---

① 更多CFTC结算与中介监督部门的信息，参考网址：http：//www.cftc.gov/About/CFTCOrganization/index.htm.

② 更多关于商品期货交易委员会执法部门的背景介绍，参见http：//www.cftc.gov/LawRegulation/Enforcement/index.htm.

③ 参见7 U.S.C. 6d（a）.

会的一员。①

1.5　美国国家期货协会（NFA）

国家期货协会是服务于美国期货市场的一种覆盖全行业的、自我管制的组织，同时也是美国非清算所期货佣金商的指定管理机构②。国家期货协会负责对所有想在美国商品期货交易委员会注册以及加入美国期货协会的企业和个人进行筛选。申请者必须达到相应的检查要求，如判定是否过去有过被处罚或是受制于监管程序的经历，同时必须提供相应的指纹卡片给联邦调查局留作背景调查的依据。除此之外，单独的登记注册者必须达到相关水平测试的要求。国家期货协会有权否认、废除、暂停、限制或约束任何一个公司或者个人的注册资格。

美国国家期货协会（NFA）一直采用一套综合的标准——涵盖了其成员的所有的商业行为，包括销售、记账、报告、风险披露、自主交易、费用披露、最低资本要求等。

根据美国国家期货协会的检查和审计程序要求，持有客户资金的期货佣金商必须每年接受一次审查。③作为这些审核或审计项目的一部分，国家期货协会的审查包含了期货佣金商的所有程序，账簿，以及和大宗商品业务相关的记录，包括但不局限于：④

- 公司档案记录
- 反洗钱的政策和措施
- 销售业务
- 监督程序
- 开户文件

---

① 参见商品期货交易委员会规章 170.15.
② 更多关于美国金融业监管局的背景信息，参见 www.nfa.futures.org/.
③ 参见 http://www.nfa.futures.org/NFA-faqs/compliance-faqs/examinations/index.HTML.
④ 同上。

- 委托单
- 委托分配
- 交易保证金政策
- 宣传资料
- 披露文件
- 历史业绩
- 银行记录
- 交易记录
- 财务报表记录

除此以外，国家期货协会有权对任何违反规定的企业或者个人采取惩罚性的措施。措施从较轻微的违反规则寄予警告信到受到正式投诉。由投诉引起的惩罚包括驱逐、一定期限的暂停交易，禁止其与一切国家期货协会成员的交易、谴责、惩戒以及每起违规最高可达 25 万美元的罚款。国家期货协会经常与商品期货交易委员会以及其他执法机构合作，确保能够发起充分的全面的诉讼。[①]

美国国家期货协会还与美国商品期货交易委员会以及其他的自律组织亲密合作，采取一系列的措施更进一步地保护顾客的资金。美国国家期货协会，连同其他的自律组织，在 2013 年发展并执行了一套制度，要求所有代表期货佣金商对客户分离式保本基金托管的人每日都直接向自我管制组织汇报余额。这些自我管制组织之后会自动地对期货佣金商提交的日常报告进行自动比较以确认有无可疑的差异。除此之外，一旦任何一个期货佣金商在任何一天动用了 25% 多余的独立保本基金（公司向客户的单独账户内存入的用以防止客户违约的资金）数额就必须立即向监管机构递交通知单。同时，诸如这样的提款必须通过首席执行官，首席财务官或者达到一个公司财务准则的要求，同时该准则必须

---

① 参见 http：//www. nfa. futures. org/NFA – about – nfa/who – we – are/how – NFA – fights – fraud – and – abuse. HTML。

能够证明该公司保持遵守单独的要求。①

所有的期货佣金商必须定期向国家期货协会上报公司的特定财务信息。该信息会公布在期货协会的网站上。信息包括每个期货佣金商的资本需求，过剩资本，保本基金的要求，过剩的独立保本基金，以及公司如何投资顾客的分离式保本基金。②

美国国家期货协会在 1983 年开始了一项仲裁项目，为投资者解决期货相关的争端提供了途径。从那时开始，国家期货协会的仲裁已经成为零售期货以及外汇交易顾客解决争端的主要途径。当仲裁的起诉金额为 15 万美元或者更少的时候，NFA 还为仲裁过程提供调解方案。③

1.6　司法部（DOJ）

正如上面所提到的那样，所有这些监管机构都应该和美国司法部适当协调。司法部是一个用于执行法律和保护美利坚众合国利益的联邦部门。④ 司法部的使命是：

执行法律同时保护美利坚众合国的法定利益；抵制国内国外的威胁确保公众安全；在预防和控制犯罪时起到联邦领导作用；对那些不合法的犯罪行为寻求适当惩罚，确保每一个美国人的公平和无偏袒的司法待遇。⑤

美国司法部内的办事处和组织包括联邦调查局、美国禁毒署、监狱管理局、美国联邦警署，以及美国假释委员会。由于经常会针对相同对象提起民事诉讼或是和司法部提起的刑事诉讼有相同的案情的原因，

---

① 参见 http：//www. nfa. futures. org/NFA - about - nfa/who - we - are/customer - protection - initiatives. HTML.

② 同上。

③ 调解是当各方和调解人一起合力达成双方都同意的解决方案的一种解决问题的过程。更多关于美国国家期货协会仲裁程序的信息，参见 http：//www. nfa. futures. org/%5c/NFA - about - nfa/who - we - are/dispute - resolution. HTML.

④ 更多关于司法部的背景信息，参加网址 www. justice. gov/.

⑤ www. justice. gov/about/.

证券交易委员会和美国商品期货交易委员会在执法时常常会和司法部协作。

除此以外，司法部和证券交易委员会共享《联邦反腐败行为法》中反贿赂和会计条款的执法权。司法部对于"发行人"（即上市公司）以及他们的职员、董事、雇员、代理商或者是代表发行者的股东均享有《联邦反腐败行为法》的刑事执法权。司法部同时对于《联邦反腐败行为法》中反贿赂法条款的"国内事项"具有民事和刑事执法责任——包括（a）美国公民、国民、居民以及（b）美国公司，他们的职员、董事、雇员、代理人以及代表国内相关事项的股东——以及特定的外国业务和个人导致在美国境内违反了《联邦反腐败行为法》。证券交易委员会对于违反《联邦反腐败行为法》的人员具有民事执法责任，包括发行者和他们的职员、董事、雇员、代理人、代表发行者的股东。[①] 证券交易委员会、美国商品期货交易委员会、美国金融业监管局，以及国家期货协会都将潜在的刑事案件移交给美国司法部进行起诉。

1.7　近期监管在揭露骗局时失灵

尽管联邦政府和自我监管组织为了保护投资者不受欺诈行为的危害，在安全问题和未来市场上已投入大量资源和努力，然而在过去的这些年里，这些政府机构和自律组织未能揭发若干重大欺诈行为，以致给数以千计的投资者造成了难以估量的损失。在过去四年里，也就是从2007年年底到2012年年初，我被任命为证券交易委员会总检察长，并且对他们的失误实施了若干调查。

在2008年11月，我对证券交易委员会未能发现伯纳德·麦道夫的涉案金额500亿美元的庞氏骗局的原因进行了调查。我知道证券交易委

① 参见 http：//www. justice. gov/criminal/fraud/fcpa/guidance/guide/pdf.

员会当时已收到若干的投诉，关于麦道夫令人生疑的持续收益的消息，以及他可能正涉嫌欺诈罪的指控。因此，我认为，和很多其他的投诉一样，这些投诉很有可能被忽视了。我知道政府机构每年都接到数以千计的投诉，并且我开始理解证券交易委员会官员会很容易忽视这些投诉。但是通过我的调查，我发现美国证券交易委员会实际上对许多收到的投诉和消息实施了审查和调查，却未能实施合格有效的审查和调查。我的调查表明，在1992年6月到2008年12月期间，证券交易委员会官员收到了六次足以对麦道夫对冲基金业务产生警惕的重大投诉，并且这些投诉本应引起对麦道夫是否真正从事贸易的质疑。此外，美国证券交易委员会基于他们收到的详细可靠的投诉开展了关于麦道夫的投资咨询业务的两起调查和三起审查。①

基于多重原因，证券交易委员会未能发现麦道夫的庞氏骗局，包括证券交易委员会调查员和审查员经验和专业知识的缺乏，麦道夫的个人名誉以及他操纵证交会的调查员和检察员的能力，以及证券交易委员会的调查员和检察员也没有及时跟进和后续行动，往往走对了揭露诈骗的方向（相对较为简单），但是没能坚持到底。

在发布麦道夫案件的报道后不久，我调查了另一起诈骗案，主犯是一个叫艾伦·斯坦福的得克萨斯州人，证券交易委员会最终在2009年麦道夫坦白罪行之后将其公布于众，然而很多年以来证券交易委员会都一直知晓这起犯罪，也一直注意到斯坦福投资行为的种种可疑之处，但真正落实的行动却寥寥无几。斯坦福在得克萨斯州具有投资顾问和经纪人的双重注册身份，隶属于一家安提瓜的海外投资银行。这家安提瓜的银行显然向斯坦福的顾客存款账户提供了相对较高且非常稳定的存款利率。

我的调查发现，从1997年起证券交易委员会在沃斯堡的办事处就

---

① 参见 Investigation of the SEC to Uncover Bernard Madoff's Ponzi Scheme, SEC Office of Inspector General, Report No. OIG - 509, August 31, 2009 at http：//www. sec. gov/news/studies/2009/oig - 509. pdf.

已经意识到斯坦福很可能是在进行一场庞氏骗局，这离斯坦福集团公司的成立仅仅才过去两年。斯坦福的投资顾问，于1995年在证券交易委员会注册登记。在接下来的8年时间里，证券交易委员会的沃斯堡检查组针对斯坦福的业务展开了四次审查，每次检查都发现那些存款单都不是"合法的"，同时斯坦福宣称的由于自身保守投资方法产生的收益是"高度不现实的"。沃斯堡的检察官尽职地分别于1997年、1998年、2002年以及2004年展开了调查，每次调查都认为斯坦福的存款单很可能是一场庞氏骗局抑或是一场类似的骗局。①

问题并不在于证券交易委员会检查组而是在于沃斯堡市的执法情况。多年以来，检查组一直尝试着获得调查斯坦福的执法权，但是大部分时候都失败了。不成功的主要原因就是沃斯堡的前任执法长官，一位叫做斯宾塞·巴拉奇的检察官，一直阻挠落实针对斯坦福的行动声称案件实在过于复杂和困难。讽刺的是，当斯宾塞离开证券交易委员会时，他试着在三个不同的场合为斯坦福做代理人，而且事实上，在他被证券交易委员会行为准则办公室告知他这样的行为是不合适之前，在2006年短暂地代表过斯坦福。

当时巴拉奇和其他人并不愿意使斯坦福的案子在证券交易委员会的内部造成更大的制度波澜。沃斯堡执法办公室的人感觉到人们根据他们发起的案件数量来评价他们，所谓的"统计"，同时告诉执法部门的人员新奇和复杂的案子都不受待见。结果就是诸如斯坦福这样的案件并不被认为是那种"快速命中"或者"暴扣"型的案件就不被鼓励调查。

一个美国金融业监管局的内部调查也显示没能成功揭发麦道夫和斯坦福诈骗案的不仅仅是证券交易委员会。根据2009年美国金融业监

---

① 参见 Investigation of the SEC's Response to Concerns Regarding Robert Allen Stanford's Alleged Ponzi Scheme, SEC Office of Inspector General, Report No. OIG – 526, March 31 2010 at http：// www. sec. gov/news/studies/2010/oig – 526. pdf.

管局的特别审查委员会发布的报告，美国金融业监管局的人员在麦道夫和斯坦福的案件上都已经实施了审查。报告还披露在2003—2005年间，国家证券交易商协会——也就是美国金融业监管局的前身——从至少5个不同的来源收到了可靠的消息表示斯坦福存单是一个潜在的诈骗案件。内部调查认为美国金融业监管局错失了一大批调查斯坦福公司在存单骗局中扮演的角色的机会，尽管该调查没有发现有关美国金融业监管局收到告密者关于麦道夫骗局的申诉或是证交会和美国金融业监管局有任何关联或者是特定的关于麦道夫的指控的证据，但是发现了在2006年证交会批准麦道夫的公司成功注册成为投资顾问，同时向一个由美国金融业监管局根据它和证券交易委员会的合约运行的系统上报了关于该公司投资业务的信息。在他们周期性审查的过程中，美国金融业监管局确实发现了一些和麦道夫骗局有关的本应该追查且值得查究的事实。这份报道特别地注解道麦道夫的案件强调了在美国金融业监管局内部以及美国金融业监管局和证券交易委员会之间及时交换信息的必要性。包括共享有关成员公司可能存在欺诈性行为的信息[1]。

此外，CFTC（商品期货交易委员会）和NFA（美国全国期货协会）在大型欺诈的监管方面也有着改进空间。我在离开了证券交易委员会、我的咨询公司和伯克利大学的研究小组之后，被留用去参与一个调查，内容是关于监管机构为什么未能发现罗素·沃森道夫（Russell Wasendorf）的欺诈行为，这位美国百富勤金融集团（PFG）的主席和首席执行官在他的位于爱荷华州的期货佣金商公司运行了超过20年的时间。

2012年7月，联邦调查局发现了带有沃森道夫签名的长篇自首声

① 参见 Report of the 2009 Special Review Committee on FINRA's Examination Program in light of the Stanford and Madoff Schemes, FINRA Sepcial Review Committee, September 2009, at http://www.finra.org/web/groups/corporate/@corp/documents/corporate/p120078.pdf.

明及多个副本。在这个声明中，沃森道夫陈述了 20 年来如何通过利用伪造的银行对账单来实施他的欺诈方案，他从百富勤（PFG）客户的账户中挪用了数百万美元。沃森道夫通过让银行将对账单寄给他自己，并在几个小时内通过 Photoshop、Excel、扫描仪、激光和喷墨式打印机等手段来伪造银行对账单来隐瞒欺诈。沃森道夫将这些伪造的对账单提供给公司的会计部门，外聘审计员和监管机构。当监管机构及审计员要求提供银行的信息和对账单时，沃森道夫会在伪造的银行对账单上填上假的邮政地址。当审计员把表单邮寄给虚假的银行地址，沃森道夫会拦截下表单，输入应该有的数字，并伪造银行工作人员的签名，寄回给监管机构与审计员。

在调查中，我们了解到国家期货协会在 1995—2012 年对百富勤（PFG）进行过 27 次审计。这些审计包括了每 9～15 个月进行的未通知的 17 次年审，7 次对百富勤的分支机构的审计，2010 年的一次额外审计，2011 年的两次额外审计。另外我们还了解到，CFTC（商品期货交易委员会）几年来多次对百富勤进行审查，但始终未能发现欺诈行为。事实上，根据沃森道夫所说，大约 1994 年商品期货交易委员会在六个月期间对他的公司进行了五次审计。有一次，一位商品期货交易委员会的高级官员试图直接从沃森道夫的银行获取带有签名的银行确认书，但没有对银行施加足够的压力来获取他想要的文档[①]。

有一次，全国期货协会差一点就可以发现沃森道夫的欺诈行为了。但是几乎所有全国期货协会对百富勤的审计收到的银行确认书和公司的财务报表显示着同样的余额，那是因为沃森道夫会拦截下 NFA 发给银行的要求银行确认书的邮件，并提供给全国期货协会一份伪造的并与自己公司相符合的报告。

然而在 2011 年，全国期货协会中负责百富勤审计的现场主管知道了

---

① 参见 Analysis of the National Futures Association's Audits of Peregrine Financial Group, Inc., Berkeley Research Group, January 29, 2013, at http：//www. nfa. futures. org/news/BRG/.

他们很难通过邮件得到银行确认书，所以全国期货协会审计要求百富勤的合规总监直接去银行获取信息。作为这一要求的结果，百富勤的合规总监发送电子邮件给他在银行里的联系人。同一天，银行人员将银行确认单发给百富勤的合规总监和全国期货协会的审计员。银行确认单上显示美国百富勤金融集团客户账户上的余额大约为700万美元。相比之下，美国国家期货协会审计审查从沃森道夫的公司那得到的银行对账单显示客户账户余额超过2.18亿美元。因此，在沃森道夫的公司所声称其客户账户中的金额和这些账户中的实际金额之间有2.11亿美元的差额。尽管美国国家期货协会的审计员注意到了这些，但是在最开始他们没有采取任何行动。①

在美国国家期货协会直接从银行收到正确的确认单后的一个工作日，沃森道夫准备了一份伪造的确认银行对账单，传真给美国国家期货协会的审计员，并附上了一张纸条说"附件是改正后的美国百富勤金融集团的银行余额确认单"。而附加到传真的银行确认单显示余额超过2.18亿美元。美国国家期货协会的审计员并没有任何怀疑就接受这份"矫正"的确认单，也没有任何后续的确认行为。②

由于这些错误，直至今日，美国证券交易委员会、商品期货交易委员会、美国金融业监管局和美国国家期货协会都在不断改善他们的管理方式去更好地预防欺诈行为的发生。在每一个我亲自参与的调查中，我和我在证券交易委员会和伯克利研究集团（BRG）的同事提供许多特定具体的建议来试图补救导致这些错误的缺陷，而且我们确信这些机构会实施我们的建议。

1.8　专家关于多重监管体系的意见

无论监管者发现欺诈和履行责任与义务的能力如何，公司仍受制

---

① 参见 Analysis of the National Futures Association's Audits of Peregrine Financial Group, Inc., Berkeley Research Group, January 29, 2013, at http://www.nfa.futures.org/news/BRG/.

② 参见 ibid.

于其多重的监督和管理。此外，由于金融危机的影响，《多德—弗兰克法案》颁布了新的监管责任，因此监管者相比以往更严格地执行众多规则和条例。每个监管机构通过自己的方式来实施检查和调查，因此了解每个监管者的监管动机和方法对于有效管理监管负担非常关键。

以下章节给那些合规人员提供了"一站式购物"的理念，让他们可以更高效地管理监管过程，其中包括了我以及一些行业监管专家所提出的监管以及与合规有关的一些具体可操作的建议。

第二章主要介绍公司如何培养道德文化，如何创建有效的政策和制度以及如何在组织内建立一种问责制，并将本章重点放在《多德—弗兰克法案》颁布的新的合规要求和条例上。

第三章主要介绍公司如何处理举报者投诉，并详细描述了美国证券交易委员会和商品期货交易委员会的检举机构，以及公司如何执行政策和程序，来降低从内部举报的风险。

第四章主要介绍金融机构如何应对和管理由证券交易委员的合规监察和检查办公室（OCIE）主导的审查，有来自行业专家艾米·林奇（Amy Lynch）的建议和指导，她拥有超过20年的金融行业经验，还在证券交易委员会的纽约和华盛顿特区的办事处的合规监察和检查办公室负责过审查。此外她还是一所法律合规性方面咨询公司的总裁，为企业提供应对此类检查的建议。

第五章主要讨论公司如何应对来自美国金融业监管局的审核，以及来自行业专家马特·德怀尔（Matt Dwyer）的有关专业知识和指导，他曾在美国金融业监管局担任高级合规检查员六年之久，之后自己创立了一家咨询公司为其他公司提供处理美国金融业监管局审核以及履行监管义务的建议。

第六章主要介绍公司如何应对和管理来自美国国家期货协会的审核，有来自业内专家黛博拉·蒙森（Deborah Monson）的想法和观点，她是 Ropes & Gray 律所的合伙人，专注于商品法、资产管理和私人投资基金并且有多年代表实体公司处理美国全国期货协会审核的经验。

第七章主要为公司如何处理来自证券交易委员会的调查和/或采取执法行动提供建议和指导，并纳入业内专家布拉德利·J. 邦迪（Bradley J. Bondi）的观点，他是 Cahill Gordon & Reindel 律师事务所华盛顿办事处的合伙人以及证券执法实践部门的负责人，并且是证券交易委员会执法案件的认证专家，为两名证券交易委员会委员提供专业性意见。

第八章主要介绍公司如何应对美国金融业监管局的执法行动，纳入业内专家理查德·A. 罗斯（Richard A. Roth）的特殊指导，他是 Roth 律师事务所创始人及合伙人，他为公司辩护并兼任美国金融业监管局执法诉讼的仲裁员。

第九章主要介绍商品期货交易委员会的执法行动，采纳了商品期货交易委员会执法部门的前首席审判律师肯尼斯·W. 麦克拉肯（Kenneth W. McCracken）的建议和指导，他还是 Schiff Hardin LLP 律师事务所的合伙人，代表个人和公司来处理商品期货交易委员会发起的调查和执法行动。

第十章主要介绍公司如何在美国国家期货协会提出的执法诉讼中为自己进行辩护，并纳入了当前美国国家期货协会的副总法律顾问/执法协调员罗纳德·郝思特（Ronald Hirst）的独特的观点。

第十一章主要介绍公司如何参与法规的制定过程，纳入了业内专家杰伊·奈特（Jay Knight）的意见。杰伊·奈特是 Bass，Berry & Sims 律师事务所的合伙人。他的法律实践包括为公司做监管报告方面的咨询，也曾在证券交易委员会的公司融资部多个位置上任职，包括加入《多德—弗兰克法案》的实施团队，在那里他领导一个由律师、经济学家和会计师组成的团队来负责执行《多德—弗兰克法案》的新条例。

第十二章主要介绍公司如何抗辩依据《反海外腐败法》提出的诉讼，包括业内专家托马斯·福克斯（Thomas Fox）的意见，他编写了八部关于《反海外腐败法》和合规性的著作，并且有 30 年为公司处理

《反海外腐败法》合规项目的法律实践经验。

第十三章主要提供公司如何进行全面、彻底的内部调查的切实可行的建议，并从策略和技术上介绍了如何获取信息以及如何降低由于监管机构指控所导致调查的风险。

第十四章主要介绍后金融危机的监管环境展望以及对联邦政府削弱多重监管体系做法的批评。所有章节都会包括我自己的观点和我多年来在金融公共部门和私营部门所得到的经验教训。各章还有许多我在金融危机期间担任证券交易委员会总检察长进行调查时发生的有趣的故事和见闻。

第二章　如何在新规定下加强公司治理与合规

公司治理是指在管理一家公司时所依据的一系列政策、原则和流程，能够对如何管控并指导公司运行提供指导性原则。公司治理也包括公司管理层、董事会、股东以及其他利益相关方之间的关系。与良好的公司治理相关的最重要原则，包括诚实经营、遵纪守法、对利益相关方负责和公司决策透明。良好的公司治理有助于提升公司名誉，增强公司领导团体的信心，鼓励投资并提振股价。

为实现良好的公司治理，一家公司必须拥有有效的管理程序和风险管控流程，从而识别出潜在的不足与失误，全面监管公司活动。通过风险管控，公司能够识别、评估并按优先顺序妥善处理各种风险，随后便可制订方案以消除不利事件造成的消极影响或使之降至最低。

在我于2007年12月加入证券交易委员会担任总检察长以后，首次对导致金融危机产生的原因进行了评估。2008年9月25日，我的办公室发布了一份全面的审计报告，分析了证券交易委员会（SEC）对合并监管实体（CSEs）①的监管情况。合并监管实体项目是证券交易委员会于2004年创立的自主项目，旨在允许证券交易委员会监管特定经纪—交易商（broker - dealer）控股集团。此类实体包括贝尔斯登、雷曼兄弟、高盛、摩根斯坦利、美林、花旗集团以及JP摩根等。我们的审计主要关注导致2008年3月贝尔斯登倒闭的事件。

---

① 见证券交易委员会 http://www.sec.gov/about/oig/audit/2008/446 - a.pdf.

审计时，我们发现能够证明贝尔斯登在风险管理领域存在重大缺陷的证据，不同时期的贝尔斯登风险管理专家均缺少对房屋抵押贷款支持证券的专业知识，也未能及时对房屋抵押贷款模型进行正式审核，贝尔斯登的风控部门长期人手不足，风控人员与证券交易员接触密切意味着独立性不足，关键性的风险管理人员在危机时刻的失误，贝尔斯登风险管理专家未能够也不愿意更新模型以反映环境变动。

举例来说，2006 年的审计发现，贝尔斯登风险管理人员擅长于金融衍生品定价和金融衍生品模型校验两个方面。与此同时，贝尔斯登的业务日益集中在房屋抵押贷款证券领域，然而该领域的金融模型仍需大量工作来完善。总而言之，我们得出结论，当时的贝尔斯登风险管理者不具备能够与公司商业模型相匹配的最佳技能，且未进行核实的建模。

类似地，2011 年 6 月，金融危机调查委员会（FCIC）在《国家委员会对导致美国金融和经济危机原因的最终报告》中总结称，在对于美国公众福祉不可或缺的体系内风险日益膨胀，金融机构却未能对其提出质疑、深入了解并有效管理，导致了金融危机产生。①

金融危机调查委员会的调查进一步揭示了被他们称为"令人震惊的公司治理失灵和不负责任的情形"的事例。如美国保险集团（AIG）的公司高管对于价值 790 亿美元的与房屋抵押贷款证券有关的金融衍生品暴露在风险敞口下，而对相关条款和风险却毫不知情；随着房地产市场见顶，为寻求更大的市场份额、更高额的利润和奖金，房利美加速暴露在有风险贷款和证券敞口下；美林的高管在最后一刻才猛然意识到，公司持有价值 550 亿美元看似"超安全"的房屋抵押贷款证券，造成数十亿美元损失。

对公司治理、公司责任和风险管理的担忧是推行《多德—弗兰克

---

① 见 http：//www.gpo.gov/fdsys/pkg/GPO－FCIC/pdf/GPO－FCIC.pdf.

法案》的重要原因。在该法案的签字仪式上，奥巴马总统表示：

尽管有许多因素导致此次重大的经济衰退，但金融体系崩溃是最主要的原因。华尔街的金融机构和华盛顿的权力部门未能尽责职守是金融危机产生的根源。数年来，我们的金融行业规则陈旧且执行不力，导致一些人钻了体系的空子，铤而走险，威胁到整个国家经济。[①]

2.1　《多德—弗兰克法案》对于公司治理和合规的影响

除了给金融监管带来彻底改变，《多德—弗兰克法案》还包括几条与治理和合规相关的特殊条款。在公司治理方面，《多德—弗兰克法案》包含与以下内容相关的条款：（a）赋予股东对高管薪酬和金降落伞（高额辞职费）的咨询投票权；（b）限制股票经纪人的自有投票权；（c）建立激励薪酬追回制度；（d）明确薪酬委员会的独立性；（e）加强代理人披露制度；（f）鼓励并保护举报者；（g）代理人权利。

然而，我们可以按照处理各种各样的合规和管制挑战那样来处理《多德—弗兰克法案》所面对的特定的公司治理的变化和规定——即制定有效的政策，加强整个企业的责任，以及建立并维持企业道德文化。

《多德—弗兰克法案》中的条款951便是以上变化的例证。该条款在《证券交易法》中加上了条款14A，要求公司定期就批准特定高管薪酬开展独立的股东顾问投票。[②] 条款14A还要求公司进行投票表决批准并购并披露所有金降落伞协议，在某些特定情况下，也可以就该表决事项进行独立的股东咨询投票。与之类似，《多德—弗兰克法案》中条款957也是在《证券交易法》条款6（b）的基础上进行的修改和完善。就像证券交易委员会规定的那样，除非股票收益所有者指示了经纪人如何投票，禁止股票经纪人在并无收益拥有的情况下在董事选举、高管

---

① 见 http：//www. whitehouse. gov/the – press – office/remarks – president – signing – dodd – frank – wall – street – reform – and – consumer – protection – act.

② 见 section 951 of Pub. L. No. 111 – 203（July 21, 2010）.

薪酬以及其他重大事项方面进行投票。①

　　能够确保《证券交易法》条款 14A 和修订后的条款 6（b）得以执行的最好方法之一，是针对代理顾问和关键股东制定经过深思熟虑的投票规定，并保证公司的薪酬制度和制度执行符合该项规定。此外，还应该仔细审阅金降落伞安排的相关规定，确保条款内容恰当合适，符合公众审阅和投票的要求。

　　《多德—弗兰克法案》另一得以完善之处是条款 954，该条款在《证券交易法》中加入了条款 10D，规定对于因不符合财务报表要求而进行会计差错更正的公司，除非该公司对高管薪酬制度进行完善、有效执行并及时披露，否则证券交易委员会应禁止国家证券交易所或相关协会批准该公司上市。② 此外，《多德—弗兰克法案》中的条款 952 在《证券交易法》中加入了条款 10C，要求对于不遵守新制定的独立性要求的公司，证券交易委员会应禁止国家证券交易所或协会批准该公司上市。相关独立性要求包括，每一位薪酬委员会委员必须被视为是"独立"的董事（请参考证券交易委员会的定义），委员会有权参与对薪酬委员会的独立薪酬顾问、法律顾问或其他顾问的任命、薪酬制定和工作监督，并对其直接负责。条款 952 还列出了多种的"独立性"因素供证券交易委员会加以考量。③

　　不仅如此，《多德—弗兰克法案》中的条款 953 在《证券交易法中》加入条款 14（i），要求证券交易委员会在考虑股票市值、股利分配和配股的变动情况后，对应该如何在年度信息大会的代理人资料中披露实际发放的高管薪酬与公司财务状况之间的关系订立规则。④ 条款953 还要求证券交易委员会修订《R–K规则》中的条款 402，规定应

---

① 见 section 957 of Pub. L. No. 111 – 203（July 21, 2010）.

② 同上，section 954.

③ 同上，section 952.

④ 同上，section 953.

披露以下事项（1）除 CEO 外所有高管年薪的中间值；（2）CEO 年薪总额；（3）上述条款（1）与条款（2）中的金额比率。[①]有效应对上述新条款需要制定足以衡量绩效薪酬的恰当指标和薪酬理念，并鼓励根据高管的最佳表现来决定薪酬发放，之后便可以顺理成章地交给股东审阅。

再进一步，《多德—弗兰克法案》条款 922 在《证券交易法》中加入了条款 21F，要求对于主动向证券委员会提供关于或违反联邦证券法、造成超过 100 万美元处罚的信息之人，证券委员会应给予其一定奖励。[②]奖励金额应为与该事件或特定关联事件相关处罚金额的 10% ~ 30%。证券委员会将在仔细考虑信息重要性和揭发者所能提供帮助的程度后，自主决定奖励金额。条款 21F 也扩大了对揭发者的保护范围，并赋予已受到报复威胁的揭发者所独有的起诉权。[③]上述条款很可能会导致更多人成为揭发者，公司或可通过评估内部处理程序、加强全面的内部合规检查和承诺有行为道德来处理此情况。[④]

最后，《多德—弗兰克法案》中条款 971 对《证券交易法》中条款 14（a）进行了修订，明确批准证券交易委员会应制定规则，要求公司的委托书征集材料中应包含一名由股东提名的董事。[⑤]应对该条款需要有效的股东沟通，并保证股东所关切的事件能够尽可能快速且周全地得以解决。

2.2　管理高管薪酬

近几年来，高管薪酬发放一直是一个备受争议的问题。对于公司治

[①] 见 section 953 of Pub. L. No. 111 –203（July 21, 2010）.

[②] 同上，section 922.

[③] 同上，section 922.

[④] For a more detailed discussion of how to manage the SEC's revised whistleblower program, see Chapter 3, entitled, "How to Manage Whistleblowers' Complaints."

[⑤] 见 section 971 of Pub. L. No. 111 –203（July 21, 2010）.

理和建立公司道德文化而言，如何处理此类问题至关重要。这也是一个备受争议的问题，常常导致股东群体之间对此各执己见，导致公司内部意见不一。公司能够通过无须强制限制高管取得薪酬的多少、而是通过公平且透明的方式对高管薪酬这一概念加以定义的方式，预测并阻止此类纠纷发生。

这一过程的第一步是确保全面且完整地披露真实准确的高管所得的薪酬。须保证不存在任何隐藏的开销，所有支出均被完整披露，不可让股东或雇员认为披露的高管薪酬仍对其有所隐瞒。

第二步，要努力将高管薪酬与公司业绩相挂钩，如股东回报或公司利润水平。不仅如此，薪酬不仅应与公司的短期目标相联系，而且应与公司的长期目标相联系，从而保证高管在采取行动时不会目光短浅地只满足其最低要求，而是着眼于公司的长远健康发展。例如，公司可对需持有数年的限售股配给更高百分比的回报。此外，公司也可以制定回收条款以保证能够从因不当行为而给公司造成损害的高管那里收回已发放的薪酬。

第三步，发放员工股票期权，在公司内部培养"公司所有权感"的文化氛围，特别是当期权与公司的利润水平相挂钩时更能达到效果。如果能够使员工认为，在公司获得成功时他们能够与高管同样分得一杯羹，则能使公司阶层之间的矛盾和分歧大大减少。

第四步，也是最后一步，高管如 CEO 能定期与员工直接进行沟通交流，表示他们对于员工贡献的欣赏与认可也是非常重要的。

公司还可以通过制定薪酬的道德标准，直接把道德行为纳入到薪酬结构及计划中。高管们应该意识到他们直接被判定不仅基于是否触及底线，还和他们如何触及底线相关。

如上所述，为了妥善应对监管要求是否已经到位或满足新出台的《多德—弗兰克法案》，公司应该制定有效的和深思熟虑的政策和程序，确保组织内的责任，并建立一个贯穿全组织的道德文化。

2.3 建立有效的政策及程序

构建有效的政策和程序对于保障公司遵守监管当局规定及遵守道德规范至关重要。这些政策和程序必须被谨慎地制定，以保障和公司需求及目标的一致性。首先，也是最重要的一点，政策和程序必须是清晰一致且易于理解的。应避免使用术语及复杂的词汇，因为政策和程序的受众面是员工，而不是法律顾问。政策在多数情况下要以积极的态度进行书写，避免专注于禁例以及什么样的事情员工不能做。

制定者应该阅读现有和过去的政策，了解这些政策奏效的原因，或分析是什么导致了政策的歧义或不确定性。此外，在政策和程序最终起草前，制定者应先阐明特定政策的受众群体，并指出该政策要达到怎样的目标。在准备它前，制定者要思考为什么这个政策如此重要。先建立一个总体的框架会十分有帮助，这个框架可以整体地阐述问题以及完成这些任务的具体程序。在建立政策及程序的过程中，制定者应记住两个目标：（1）设定更大的战略目标；（2）提供具体特性，使员工了解在不同情况下分别如何操作。

应十分谨慎，以确保政策之间的一致性。如果政策之间不统一，员工会将它们视作不合法的并直接忽略它们。在保持一致性的同时，制定者也应确保政策和程序的灵活性，并允许合理情况下的特例出现。也必须有一个易于理解的条例修改机制，允许政策更新完善。调整修改政策的程序不应太官僚主义，否则员工会认为这个过程带来的麻烦多于修改后带来的改善，因而选择无视它们任其过时。

在最后完成政策和程序时，需要来自高级管理人员和员工的双方面支持。这两类人员都需要机会来仔细查阅草案、提出建议并提供反馈，从而使得政策和程序得以完善。

保证员工们持续知晓政策和程序，这一点是很关键的。仅仅让员工在一张说明他们已经阅读了政策和程序的纸上签字是不够的。员工必须持续获得相关信息。在我担任独立的合规顾问过程中，我曾有机会测试一些政策和程序，多数情况下是联邦政府或州政府及美国证券交易委员会和美国商品期货委员会的执法行为。在检查过程中，我不止一次看到那些政策和流程被清晰、明确地写出来，但是员工在公司期间，偏偏没有按政策和程序的要求履行职责。员工基本上已经知悉这些政策和流程，而且承认也已经看过一遍，但是，在正常履行职责的过程中，他们并没有时刻按照这些要求进行工作。① 在这种情形中，政策与流程都已很好地表述出来，但因未付诸行动而最终被视为没有意义。

2.4　组织内部问责

有责必究也是一个在组织内部建立和保持道德文化的关键要素。只有当组织的各阶层人员都崇尚道德价值，并且都遵守道德层面和法律层面的商业惯例时，组织内部的道德文化才算建立。只有每天践行这种充满道德的行为，企业职工才能够养成自觉遵守的习惯。建立基于问责制的道德文化，第一步就是设计出一份简明扼要的道德规范或企业宗旨。公司的高级管理者应当经常参考这份道德规范或企业宗旨，以身作则、树立榜样，公司员工才懂得如何去践行道德规范或公司宗旨。公司的道德文化训练应当包括角色扮演的练习，这样公司员工得以思考在真实生活情境下作出什么样的决定才是合适的。建立一个由监管人员和非监管人员组成的道德审议委员会来监督公司内部活动，并且在不道德行为出现时采取适当措施，这也是可取之计。

设计出的监管系统也要做到恩威并施，既要奖励有道德的行为，又要惩罚不道德的行为。公司可以设置激励措施使得员工表现得有道德，并且公开奖励这种有道德的行为。公司可以让员工自主提名推选有高道德水准的同事，并且采取现金或者其他方式奖励这些恪守职业道德

---

① 长期不间断地管理培训可使员工越来越熟悉这些政策与流程。

的员工。职业道德也可以被纳入到员工绩效评价体系中，不论是对雇员还是管理者都是如此。

最重要的是，如果员工出现不道德行为或行为不端，公司需要对他们问责。一方面，采取惩罚措施之前正当程序是必需的，但是一旦不端行为事实确凿，监管人员须得惩戒甚至解雇从事不当行为的员工。有些经理因为感到惩罚雇员这项工作既难又令人不快而不愿做，总以为犯事的人已经吸取了教训，不需要再施以正式惩罚。即使犯错的雇员确实已经改过自新，若不施以正式惩罚，同一个管理单位的员工就会看到惩罚缺位，并且认为如果以后他们从事不端行为，也不会被问责。

此外，雇员们需要相信那些得到提拔的员工确实值得提拔。如果业绩平平者或者业绩很差的员工得到了奖励或者提拔，这将大大削弱员工努力工作的积极性。即使是一个职业道德感很强的员工，如果他或她看见同事不费吹灰之力就得到提拔或被给予奖励，该员工很快就会没有继续努力工作的干劲了。

2.5　不道德文化的危险信号

在评估企业道德文化的建设有多大进步时，一些"危险信号"的出现表明文化建立工作仍需努力。公司需要提防工作组中互相推诿责任这种风气的形成。如果重点工作或目标没有完成，员工们能够坦率承担责任，而不是总是推卸给他人，这一点很重要。同样的，经理们也应当对他们做出的决定和行为承担责任。如果经理们推脱责任，员工们会认为他们也同样不必对自己的行为负责。另外，如果组织的经理往往夸大自己的成就或者不切实际地对员工允诺奖励，这样的行为通常是企业道德文化薄弱的体现。经理应该谨言慎行，以防成为员工眼中胡夸海口之人。除此之外，企业各部门之间的某些竞争可能有利于提高效率，但如果部门之间有太多"保卫战"或者不必要的争端，组织则很可能正在建立错误的企业文化。

2.6 符合道德的决策

"符合道德的决策"的概念也是值得思考的，人们需要认识到公司正在做出的决策有多么重要。当一个员工在作出重大决策时，他永远应该考虑这个决策是否会给他人或者集体带来不利后果。进一步地说，决策者在了解到了所有相关事实后，可以通过以下几种方法来评估他的决策，主要包括：（a）这个决策能够使利益最大化，并且损失控制到最小；（b）这个决策对所有人来说都是公平的，或者与其责任是相称的；（c）整体运行起来对集体效果更好。一旦决策者作出决策后，他就应该检验决策的效果，看看运行得怎么样，从决策结果能够得到什么经验，以及决策制定得怎么样。

这几种方法也可以纳入到员工道德文化训练中。作为针对特定目标的实质训练的一部分，公司可以在训练中囊括关于道德因素如何融入员工的每日工作的讨论。员工在每天快结束的时候，都会被公司提醒，扪心自问以下三个问题：（1）今日我好事比坏事做得更多吗？（2）今日我是否做到了尊重待人？（3）今日我行事是否公平公正？仅仅只是想想这些问题都可以让员工在工作时表现得更有职业道德。

我早些年在美国国际开发署（"USAID"，美国的一个机构，给全世界提供国际援助），担任道德检察官一职时，去过很多国家，给开发署对外服务官员和当地人作过"符合道德的决策"的讲座。讲座的精华在于，我问观众哪些价值观对他们来说很重要，这些价值观如何影响了他们的决定。在每次讲座中，我都会让临时组成的各小组说出他们崇拜的不同的人，他们所谓的英雄。不出所料，每次被提名的人都不同。通常当地官员会提名对当地作出重要贡献的人，这些人我通常都不认识。接下来，我会问观众他们崇拜的那些人身上，哪些品质或品格是他们所欣赏的。他们能说出一大串令人钦慕的品格。我们再从这一长串品格中去掉那些并非真正的品质而是只算得上行为的对象，缩减到只剩下最重要的品质。我让观众想想哪些品质是他们希望别人在与他们深爱之人交往时所拥有的。我们会继续缩减品格，结果总是相同的：不论我们是在哪个国家，不论参加讲座的人背景有何不同，观众总是会在相同的三到四个基本品格上达成一致。讲座让我知道了，尽管我们有着这样那样的不同，但我们本质上对美好和同情的看法是相同的。一旦我们意识到这一点，将这些品格融入我们的工作生活中便非常容易了。

在讲座上的时候，我总会提到一个公司的例子，这个公司真正懂得如何有道德地经营。我最常给的例子是强生公司，以及他们对很多年前出现的泰诺事件的应对之举。这个例子中，一个卡车司机按照惯例运送泰诺胶囊到各家药店，突然他听到车载广播中报告说有部分泰诺胶囊已经被污染了。我让观众想想在当时的情况下他们会怎么做。这个故事中的司机没有打电话找他的上级领导，也没有问任何问题，而是立即停止运送泰诺胶囊，并且调转车头取回了当天之前已经送出的以及药店里货架上的所有泰诺胶囊。这个故事还没有完，与此同时，数百英里外的另一个地区有个女配送监督员，她也听到了泰诺胶囊可能会产生问题的报告。同样，她没有打电话给她的领导，而是立即通知下架她所在地区所有药店里的泰诺胶囊。同一时刻，高层管理人员也已经知道了报告，FBI 也赶来和他们碰头。FBI 告诉他，他们正在监控事态的发展，并且已经追踪到污染发生地在田纳西的一所分厂，通过技术鉴定，他们基本上可以抓住犯罪者。FBI 让强生管理层 72 小时不要采取任何措施，因为这可能会危及锁定污染胶囊的犯罪嫌疑人位置的行动。强生管理层基本上没有听 FBI 的指示，在没有和董事会确认过的情况下，立即发布新闻，提醒潜在消费者泰诺"中毒"情况的存在，并且下架所有泰诺胶囊。故事中的三个主人公后来都接受了采访，并被问到是什么促使他们做出了决定。卡车司机被问到，为何没有询问任何领导就开始撤回已经送出的胶囊，配送监督员被问到为什么有那样的作为，管理层也被问到为何没有听从 FBI 的指示。他们所有人基本上给出的都是一个答案：在强生公司，"顾客安全最重要"。作出那些决定轻而易举。强生公司关于顾客健康重要性的教导已经在他们的心中根深蒂固，那些决定都是下意识的。或许强生公司的故事比真实要更传奇一些，但这个故事告诉我们，如果将道德感的重要性深深融入公司的血脉中，那么不论是谁作出有道德的决定都是轻而易举。

　　尽管在组织中建立起企业道德文化费时费力费资源，但组织也会从重视道德这个过程中受益良多。公司中良好的道德文化有助于捍卫公司的资产。员工会爱惜公司的财产，小心不越雷池一步。他们也会以在组织中为豪，用心确保公司资源不被滥用。道德文化还提高了员工之间的团队合作精神和积极性，相信企业价值观的员工也会更加努力工作、更有效率。除此之外，在道德文化这方面秀名远扬的公司在招募和留下员工方面都有优势。顾客也更可能对这样的企业建立起信任。最终结果就是企业更加高效、成功，发展得更好。

第三章 如何管理举报者投诉

举报者（Whistleblower）可谓是为公司的独特挑战。当我于2007—2012年间担任证券交易委员会总检察长时，我的办公室几乎每天都会收到新的投诉。很多投诉都提供了非常重要的信息，引导证券交易委员会的部门和办公室进行了调查和审计，揭露了重大的浪费、欺骗和滥用权力。然而，也有很多投诉是既没意义且其包含的信息也在随后被证明是完全不准确的。我们还收到相当数量的来自正面临惩戒措施或解雇的雇员的投诉，他们企图利用投诉使他们的主管难以完成对他们的惩戒措施。这招在很多案例中的确有效，因为当主管们被告知已有这样一个投诉备案时，会害怕被控诉为打击报复举报者而撤回对举报者的惩戒措施。同样的情况能够并且常常在面临举报者投诉的公司发生。

3.1 证券交易委员会举报者计划的疏忽与失败

此外，近年来举报者的投诉似乎不断增加，特别是因为在《多德—弗兰克法案》后，证券交易委员会近期扩大了举报者计划而招致的那些在证券委员会的备案。国会命令证券交易委员会至少要完全整改其举报者计划，在某种程度上是因为我在担任证券交易委员会总检察长时所写的一篇报告。2010年初，我的办公室对证券交易委员会的举报者计划进行了审计。在那个时候，对于国会和公共投资者方面来说，举报者问题和证券委员会如何管理其举报者计划都是非常重要的问题，首先是因为我办公室的调查结果与2009年8月的一份关于为何证券交易委员会未能发现伯纳德·麦道夫的 500 亿美元的庞氏骗局①的调查有关。在这份调查中，我们发现证券交易委员会忽视了来自举报者的关于伯纳德·麦道夫正在操纵一场极大的庞氏骗局的提示和投诉，并未能适当跟进。特别是，我们发现多年来证券交易委员会收到过来自举报者的多封详细且实质性的投诉，这些投诉本该引导他们发现麦道夫的骗局。当麦道夫认罪时我们查到在 1992 年 6 月至 2008 年 12 月期间，证券交易委员会收到过六次实质性投诉，这些投诉向麦道夫的对冲基金运营发出了危险信号，这本该令人生疑麦道夫到底是否在从事交易。

我们的调查发现证券交易委员会收到过来自一位叫哈里·马科波洛斯的举报者的三个版本的投诉，题目为"全球最大的对冲基金是一个骗局"，其中描述了将近 30 个危险信号指出麦道夫正在操纵一场庞氏骗局，马科波洛斯描述这个情况用了"极有可能"的字眼。然而，证券交易委员会并未根据马科波洛斯给出的危险信号进行充分的跟进，也从未真的想要辨别麦道夫是否正在实行庞氏骗局。此外，我们的调查显示了证券交易委员会的工作人员通常会怀疑举报者和举报者的投诉。我们发现证券交易委员会执法部的一位名叫米根·张的执行律师怀疑马科波洛斯的投诉，因她认为马科波洛斯没有内幕消息因而不符合举报者的定义。另一位在证券交易委员会合规监管与检查办公室工作的审查员威廉·奥斯特洛在我们的调查中声称，因为自己通常都是带着怀疑审视这些举报，所以他也未曾关注那些质疑麦道夫交易的邮件。此外，另一位证券交易委员会的执行律师，西蒙娜·苏在忽视了一封举报者匿名举报的直指麦道夫的运营存在"重大丑闻"的匿名信后，也表示在她看来那些扑面而来的匿名举报是不可信的，因此她连调查都没做就忽略了举报。

在 2010 年初，因为证券交易委员会在麦道夫骗局上的失职引起了强烈的愤慨以及对举报者的处理方式的调查暴露出诸多问题，我作为

---

① 参见《证交会对于揭发伯纳德·麦道夫的庞氏骗局的调查》，证交会总检察长办公室，报告 NO. OIG－509，2009. 8. 31 http：//www. sec. gov/news/studies/2009/oig－509. pdf.

总检察长被要求彻底调查证券交易委员会的举报者计划并对该计划进行审计。在审计中，我们发现尽管证券交易委员会对举报者举报和投诉内幕交易的行为提供适当奖励计划已执行了20余年，但在该计划下只有非常少的奖金给到了举报者。此外，在这20年间证券交易委员会甚至没有接收到很多的个人奖金申请。审计还发现无论在证券委员会内外，举报者计划并不广为人知。总而言之，审计得出的结论是：证券交易委员会的举报者计划从根本上说设计有缺陷，难以达到目标。我们发现奖金申请流程不易于操作，且判断奖金申请的标准宽泛冗赘。此外，证券交易委员会也没有将内部政策和程序落实到位，其职员没能很好地评估举报者的贡献并决定相应的奖金发放。

事实上，审计发现证券交易委员会未曾就举报者的奖金申请情况提供现状报告，即使该举报者的信息促成了调查。而且我们发现当证券交易委员会接收到了奖金申请并转发至相关人员以供进一步审查后，这些人员是否进行了及时充分的审查都不得而知。最后，审计还发现有关奖金申请的文件并不都是完整的，完整的文件应包括一份奖金申请的复印件、一份给举报者的回执备忘（以确认收到了举报者的申请）及一份向相关办公室或部门及官员提供的参考备忘（以供奖金申请的进一步审核）。[①]

作为我们审计发现的结果，我们向证券交易委员会提出了下列建议以改进举报者计划：

• 发起一项针对证券交易委员会举报者计划的交流计划，促进公众和证券委员会人员间两者的交流范围。这项计划应当包括努力使得在证券委员会内网上的信息的易获得，增强证券交易委员会公共网站信息的可获得性，并对最可能处理举报者投诉的雇员进行培训。

• 在其官网上传一份申请表，要求举报者提供有用的信息，比如

---

① 参见《证券委员会有奖计划评估》，证交会总检察长办公室，报告 No. 474，2010. 3. 29 http: //www. 证券委员会 . gov/about/offices/oig/reports/audits/2010/474. pdf .

应包括：（a）与所谓违反证券法有关的事实及解释为何举报者相信举报对象违反了证券法；（b）举报者所拥有的以及从其他渠道获取的佐证文件清单；（c）一份关于举报者如何获知支持其举报的证据的描述，包括举报者与举报对象的关系；（d）举报对象违法获得的金钱数量（如果知道），以及这个数量是如何算出的；（e）一份就举报者所知的申请内容是真实的、正确的、完整的证明。

- 制定相关政策，决定何时去跟进举报者的信息，澄清他们申请表中的信息，以及在决定是否应该进一步调查举报者的投诉前先获取易得的支持文件。

- 开发特定标准以建议授予奖金数量，包括举报者部分地依赖于公共信息，而这样的信息来源不会阻碍个体获得奖励的条款。

- 检测并改善证券委员会与举报者沟通的方式。在调查或检查过程中，在不公布非公共或保密信息的前提下，通知举报者其请求状态。

- 制订合理计划，管理、跟踪寻求奖金的举报者的建议和投诉，并将之融入执法部门开发的意见，投诉和参照过程和系统之中。

- 要求为每位申请者创建举报者档案（纸质版或电子版）。这份档案中至少要含有申请表，与举报者相关的一切信件，举报者的信息如何被利用的记录，以及关于举报者投诉的重要决议的记录。

- 在举报者计划的奖励申请、举报者信息分析、举报者投诉跟踪、实践记录和举报者计划持续评估方面，应借鉴其他举报者计划诸如司法部和国内收入署（"IRS"）计划的经验，并应用到证券交易委员会举报者计划中。

- 建立时间表，完成证券交易委员会举报者计划的新政策和新程序，并充分融入司法部和国内收入署以及其他任何立法机构的最佳实践经验。[①]

---

① 参见《证券委员会有奖计划评估》，证交会总检察长办公室，报告 No. 474，2010. 3. 29 http：//www. 证券委员会. gov/about/offices/oig/reports/audits/2010/474. pdf.

3.2　证券交易委员会举报者计划的《多德—弗兰克法案》下的重建

我们将我们的审计结果抄送给了国会官员和国会，并作为了《多德—弗兰克法案》的一部分。《多德—弗兰克法案》命令证券交易委员会采取一份夹带必然要求的举报者计划。特别是，《多德—弗兰克法案》的第922小节规定了对于那些自愿向证券交易委员会提供原始信息的合格举报者，其信息引导了成功的强制措施，产生了超过100万美元的金融制裁，证券交易委员会应当向他们支付奖金。奖金金额须达到证券交易委员会行动或任何相关行动诸如刑事案件的金融制裁总额的10%～30%。举报者可于7月22日或之后凭借向委员会提供的原始信息拿到奖金，但是在举报者条例生效前，只要举报者符合所有生效条例就可以。《多德—弗兰克法案》也清楚地禁止了雇主对举报者的报复，如果发生举报者被其雇主违法驱散或歧视就向他们提供私人起诉理由。①

在2011年5月25日，证券交易委员会采用并实施了新举报者计划规则，证券交易委员会规定若想从举报者奖励制度中获取奖励，举报者必须提供"原始信息"，而非证券交易委员会已知的内容。该内容必须是通过举报者自己的信息或分析而来，不能"仅仅源自"官方听证会、政府报告、听证会、审计或调查，或新闻媒体的陈词。此外，举报者必须是个人个体。公司或其他实体都不能作为合规的举报者。另外，特殊种类的个体作为举报者将被排除在接受奖励之外，比如官员、董事、托管人，或是通过公司雇员或公司内部合规流程掌握公司违法信息的合伙人，以及在合法代表的环境下执行合规、审计职责或合法调查时接收到信息的律师、合规人员、会计、调查员和审计，在该规则下有些例外。②

---

① 参见 Pub. L 第 922 节 No. 111 - 203（2010. 7. 21）.

② 参见 http://www. 证券交易委员会. gov/rules/final/2011/34 - 64545. pdf. 该理论即内部人员如那些被认同者不该通过工作中获取的信息填写举报者投诉而获利。

在证券交易委员会规则下，当内部合规办公室没有强制要求举报者做内部报告时，这一重要的动机被用于鼓励举报者向其举报诈骗。举例来说，若举报者参与了内部报告，那么他可能得到更高奖励。如果公司在 120 天内没有进行调查也没有在 120 天内向证券委员会报告，但是举报者这样做了，那么举报者就可以领到以内部报告发布日期为计算起点的功劳，并以得到一小笔金钱奖励。实际上，就是证券交易委员会为举报者规则创造了一个 120 天的窗口，使得公司可以处理内部举报者的举报。

3.3　举报者计划整改后证券交易委员会收到的举报者投诉

证券交易委员会声称，他们在 2014 财政年度收到 3620 封举报者投诉[1]。与之相比，2013 财政年度收到了 3238 封举报者投诉[2]，而 2012 财政年度则收到 3001 封[3]。2014 年举报者举报的最普遍的投诉种类是：

公司披露和财政（16.9%）

诈骗（16%）

（会计信息）操纵（15.5%）[4]

证券交易委员会发现这与 2013 年和 2012 年中投诉种类的百分比是类似的：

2013 年

● 公司披露和财政（17.2%）

诈骗（17.1%）

---

　　① 参见《2014 年度关于多德—弗兰克举报者计划的国会报告》，证交会举报者办公室。ht-tp：//www. 证券交易委员会 . gov/about/offices/owb/annual – report – 2014. pdf. 虽然证券交易委员会确实收到相当占比的被证实无事实根据的举报者投诉，证券交易委员会官员声明了他们确实在极大程度上对截至目前的投诉的品质有较深印象。

　　② 参见《2013 年度关于多德—弗兰克举报者计划的国会报告》，证交会举报者办公室。ht-tp：//www. 证券交易委员会 . gov/about/offices/owb/annual – report – 2013. pdf.

　　③ 参见《2012 年度关于多德—弗兰克举报者计划的国会报告》，证交会举报者办公室。ht-tp：//www. 证券交易委员会 . gov/about/offices/owb/annual – report – 2012. pdf.

　　④ 参见《2014 年度关于多德—弗兰克举报者计划的国会报告》，证交会举报者办公室。ht-tp：//www. 证券交易委员会 . gov/about/offices/owb/annual – report – 2014. pdf.

（会计信息）操纵（16.2%）[①]

2012 年

● 公司披露和财政（18.2%）

诈骗（15.5%）

（会计信息）操纵（15.2%）[②]

自 2011 年 8 月证券交易委员会举报者计划全面启动，证券交易委员会共向 14 位举报者颁发了奖励，其中 9 位是在 2014 财政年度被奖励的。以下是一些所授奖励的摘要：

● 2012 年 8 月 21 日——证券交易委员会将其第一次奖励授予了一位提供了文件和其他重要信息的举报者，这些信息推进了证券交易委员会的一项调查研究并阻止了该骗局诱骗更多受害者。[③]

● 2013 年 6 月 12 日——证券交易委员会向三位举报者颁发了奖励，他们协助证券交易委员会关闭了一个诈骗避险基金。其中两位举报者提供的信息促进证券交易委员会在更多投资者受到损失之前开展了调查并终止了这个骗局。第三位举报者则提供了独立证明信息并指认了关键证人。[④]

● 2013 年 10 月 1 日——证券交易委员会宣布将颁发截至当时最大额度的奖励，向一位举报者授予 1400 万美元的奖金，其提供的信息帮助证券交易委员会强制恢复了一些实质投资者基金。在收到举报者举报不到六个月的时间里，证券交易委员会就得以对犯罪者执行强制诉

[①]　参见《2013 年度关于多德—弗兰克举报者计划的国会报告》，证交会举报者办公室。ht-tp：//www. 证券交易委员会. gov/about/offices/owb/annual – report –2013. pdf.

[②]　参见《2012 年度关于多德—弗兰克举报者计划的报告》，证交会举报者办公室。http：//www. 证券交易委员会. gov/about/offices/owb/annual – report –2012. pdf.

[③]　参见 http：//www. 证券交易委员会. gov/News/PressRelease/Detail/PressRelease/1365171483972#. VMak9NhOW70.

[④]　参见 http：//www. 证券交易委员会. gov/news/press/2013/2013 – 06 – announcement. htm.

讼并保护了投资者基金。①

● 2014 年 7 月 31 日——证券交易委员会称要向一位举报者发放超过 40 万美元，因其在公司内部未能成功解决问题后向证券交易委员会举报了公司的诈骗事宜。②

● 2014 年 8 月 29 日——证券交易委员会发布声明欲向一位内部审计授予超过 30 万美元的举报者奖励，他举报了公司及某位管理人员对待内部人员的恶行。当公司在 120 天内未能采取举措，审计员向证券交易委员会举报了同样信息。这是证券交易委员会第一次向担任审计合规人员的举报者授奖。③

● 2014 年 9 月 22 日——证券交易委员会宣布截至当时最大的奖励，超过 3000 万美元被授予了一位提供了关键原始信息的举报者，这帮助了证券交易委员会的一项判决成功地申请了强制执行。④

3.4　CFTC 新举报者计划

《多德—弗兰克法案》也在美国商品期货委员会（CFTC）新创设了一项举报者计划。该计划允许向那些举报者（指那些向 CFTC 共享信息和提供协助的人）支付货币性奖励，同时为这些举报者提供"反报复"保护。《多德—弗兰克法案》第 748 条修正了《商品交易法》（CEA），为其添加了第 23 条关于"大宗商品举报者激励与保护"的条款以建立这项举报者计划，进而允许 CFTC 对那些自愿提供原始信息以揭露违反商品交易法相关法律和行政法规行为的举报者支付奖励。商

---

① 参见 http：//www. 证券交易委员会. gov/News/PressRelease/Detail/PressRelease/1370539854258#. VMaILNhOW70.

② 参见 http：//www. 证券交易委员会. gov/News/PressRelease/Detail/PressRelease/1370542578457#. VMaIUNhOW70.

③ 参见 http：//www. 证券交易委员会. gov/News/PressRelease/Detail/PressRelease/1370542799812#. VMamEthOW70.

④ 参见 http：//www. 证券交易委员会. gov/News/PressRelease/Detail/PressRelease/1370543011290#. VMa16thOW70.

品交易法第 23 条同时建立了 CFTC 保护基金（以下称为"基金"），用于支付举报者奖金，并资助客户参加关于自我保护、防止欺诈和其他违法行为的培训费用。与美国证监会（证券交易委员会）举报者计划类似，当某一项违法行为最终被处以超过 100 万美元罚金时，CFTC 将为举报者提供奖金，而奖金通常是现金罚款总额的 10% ~30%。此外，与证券委员会条例相同，该条例同样设定了一个 120 天的时间窗口，预期在这段时间内被举报公司已经进入内部自我清查程序。

CFTC 在 2015 年 2 月曾经支付过一笔奖金，并在 2014 财年收到了 227 条举报信息和投诉建议。CFTC 在 2014 年 5 月 20 日宣布授予某位举报者总计 24 万美元的奖金，以奖励她/他提供有价值信息以揭露违反商品交易法的行为。

3.5　美国最高法院关于举报者计划的重大决议

随着不断有新的奖金发出，举报的积极性不断提升。此外，2014 年 3 月美国最高法院的一项判决显示最高法院将举报者保护计划扩展到上市公司非直接合同雇员范围，以期激励更多的举报行为。在这项判决中，Lawson v. FMR，一位某共同基金的前任高级财务主管声称她因披露某项有关成本会计的不合规行为而遭到报复。初级法院判决认为"反报复"保护条例仅仅适用于上市公司员工，鉴于该案中的共同基金公司并没有雇员，而是以合同方式单独聘请投资顾问的形式实现运营，所以举报者无法获得"反报复"条例的保护。在鲁斯·巴德·金斯伯格法官的主持下，最高法院否决了只有上市公司直接雇员才可以享受"反报复"条例保护的判决，并且基于 2002 年颁布的《萨班斯—奥克斯利法案》将该保护范围扩展到了私下合同雇佣的员工。该决议导致更多个人享有"反报复"保护的权利，同时激励更多人举报违法行为。

3.6　如何处理那些汇报给内部合规管理者的投诉

证券交易委员会也宣称，在某些案例中，举报者最先将信息告知了公司内部合规主管。这样的选择对于公司内部合规主管来说是好事，因为他们有足够的能力在证券委员会要求的 120 天时间窗口内处理好举报内容。相应的，对于公司而言，在接到举报后的 120 天时间窗口内采取行动也是至关重要的。如果公司可以在规定的时间窗口内展开调查，他们将极有力地控制风险敞口并处于有利地位。因为一旦问题进入监管者视线，公司受益于进行了整个调查过程，便可以宣称自身已经采取了恰当的措施，并且将清楚知道自己所可能受到的伤害。120 天时间窗口内采取的自查行为也限制了向证券交易委员会举报的员工类型。正如前所述，2014 年 9 月，证券交易委员会宣称授予某内部审计师一笔超过 30 万美元的举报者奖励。这位内部审计师将公司不合规行为向公司相关人员做了汇报，其中包括一位公司内部监督人员。然而，当该公司在获取信息的 120 天内未采取任何措施时，这位举报者将同样的信息汇报给了证券交易委员会。这位内部举报者提供的信息直接导致了证券委员会对该公司进行了强制处罚。证券交易委员会举报事务办公室负责人说，一旦公司没有对一开始上报的信息做出及时且合理的反应，那么"从事公司内部审计、合规和法律工作的个人"同样有资格获得证券交易委员会举报者奖励。公司在 120 天内采取调查措施以回应举报者就可以确保那些因职务之便可以接触信息的内部审计师等人员可以将不合规信息保留在公司内部，而不是汇报给政府监管部门。

对举报者的指控开展迅速而深入的调查也能教会公司应该采取什么措施加以应对。如果公司发现举报者的指控不具有任何价值，那么公司应该确保已经掌握了完整而深入的调查报告，以便在事态扩大时应对政府监管机构的调查。由于资源有限，正如证券交易委员会和 CFTC 等政府机构所面临的一样，如果公司可以证明某项指控已经通过可靠的机构进行了细致的调查，那么这些政府机构很可能选择不对该指控进一步展开调查。此外，在某些情况下，调查显示举报者的指控没有价值，并且举报者正接受纪律处分甚至解聘时，如果公司可以证明自身已经对举报者的指控作出可信赖的反应，并且证明自身采取的一切行为都是独立地基于员工的表现而非为了报复时，公司将处于更有利的法律地位。然而，对于参与举报的雇员采取的任何纪律或者行政方面的处理都应该在法律顾问的协助下开展，特别是如果某项投诉进入了政府监管机构的视线。例如，美国证监会或者美国商品期货交易委员会能够决定下列事项：尽管举报可能缺乏证据支撑，如果员工因为被投诉而在短时间内被惩罚或被解雇，证交会或者商品期货交易委员会还是可能因为公司针对员工的报复行为而对公司采取措施。

如果持续120天的调查发现举报所说确有其事，公司则需要决定是否要主动向政府机构报告，以及是否需要修正财务报表，又或是出具一份调查报告。当然了，如果调查披露的事项需要修正后的财务报表或者公司其他要求的文件，披露必须尽快进行。另外，如果公司知道举报人想要报告给监管者，并且举报人的指控也确有其事，公司最好和监管者沟通一下，这样的话监管者才清楚事情处于调查之中，公司也有计划采取适当的补救措施。

在其他的情况下，是否需要主动向监管者报告的决定必须基于当时已知的特定事实。通常情况下，错误越严重，越需要向监管者主动报告。比方说，如果调查表明公司内部有大范围的欺诈存在，或是公司高层犯有的如挪用公款这样的严重行为，则应该向监管者披露。在这种情况下，从公关角度上来说，公司"领先一步获得消息"是非常重要的。如果调查结果表明只存在可以轻易补正的小问题，除非有法律义务要求报告，公司最好还是不要主动报告。虽然证监会表明其会奖励合作和主动报告的行为，但是针对公司调查的成本可能会很高。如果能够从内部解决问题，那么从成本—收益的角度来看，公司向政府主动报告问题是不值得的。

不论公司是否想要主动报告，在120天的窗口期内进行全面可信的调查都还是有争议的。与此同时，公司首先想到的也许是让内部委员会或者调查组来调查那些看上去严重的指控，但聘请外部的调查者来调查可能更好一些。即使是公司的律所来调查，如果已经代理公司很多年了，那也不是最好的选择，因为这样会使调查看上去不是由中立方实施的。让之前没有往来的外部机构来调查会大大增强证监会、商品期货委员会或者司法部对调查的可信度。我曾经遇到过政府完全不承认长期法律顾问出具的调查报告的情况，不论报告有多么的详尽，都没有用，就因为他们认为调查不是由中立方实施的。

调查过程必须是全面、复杂的，并且最终出具一份完整的调查报告。调查报告应当详尽，并具有说服力，还应当包含调查结束后的合理期限内公司能够实施的、具体的建议。公司应做好准备处理调查结果，并且展示出他们如何从该事件中习得教训，以及相应地对公司政策、程序和操作流程作出改变的。

如果可能的话，在调查期间和举报者（假设举报者不是匿名的）持续保持沟通也是非常重要的。虽然在调查结束前不能够透露关于调查的实质信息，但是公司应当使举报者能够知悉调查的进度。如果公司决定主动向政府报告，公司则应当知会举报者其打算，同时也应该告知举报者其针对调查结果，计划采取的补救措施。如果举报者认为投诉没有被严肃对待，或是感觉公司没有采取措施，他们很可能会去向政府报告。确保举报者知晓投诉的影响和调查结果有助于使他们感到自己的行为有意义，从而减小向公司外部报告消息的可能性。

如果决定向监管者报告调查结果，公司应做好答辩的准备，在会见监管者时不仅仅只谈论被调查事宜的准备，监管者乐于知晓公司整个举报制度、内部政策以及流程。公司也要准备好回答公司合规和道德制度的问题，以及公司管理如何确立适当的"高层基调"；说明举报热线的存在以及鼓励举报的措施；解释公司调查举报指控的流程，以及确保报复行为不会发生。最后，还应当说明公司的合规性培训，包括关于举报的讨论。

3.7　落实合理的举报制度和程序

当然，这些制度和程序有必要在需要向监管机构报告之前落实到位。公司必须设有匿名热线或其他相应机制，以便人们秘密举报可疑或实际不端行为，且不会招致报复。当员工通过举报热线投诉时，（投诉）信息应立即被传达，且应告知他所提供的（举报）信息已被接收。对于小公司，举报热线可能会将所有投诉信息传达给公司内部某一指定人员。然后，该指定人员会立即处理这些投诉，并将重大问题告知审计委员会。而对于规模大一点的公司，经常会雇用外包商接收投诉信息。外包商能有效地保证员工投诉的匿名性与机密性，提供一周七天、一天24小时的投诉处理服务，还能提供多种投诉方式，比如电子邮件、网页、电话热线等。在这些规模更大的公司中，投诉信息一般都会被送至某个委员会或团队进行审查，以确保将情节更为严重的投诉信息送达审计委员会。

员工们也必须接受培训，以便了解举报活动及其流程。董事会成员和管理人员同样需要接受这项培训。此外，公司应该维持一个记录机密的机制，以便其对那些已经提供过举报投诉信息员工的后续就业经历进行回顾，这样就可以明文记录这些员工已经受到保护，并没有招致任何报复。

最后，公司应该为每一个员工提供一个链接，以便他们在线提供书面诉状。公司的举报制度应该包括一个"不予报复"申明，以此鼓励员工在没有报复顾虑的情况下举报投诉非法行为。管理人员和监管者也应该接受培训，以便了解构成报复的因素。

如果公司决定要向监管机构自我报告，那么这些制度和程序的落实将对这个公司有很大的帮助。公司将能够展示其公司文化，即鼓励举报者前来投诉，并且能妥善处理他们的投诉，无论是在特定情况下还是在一般情况下。公司也能够表明它会友好对待举报者，并制定针对报复行为的制度。

3.8　美国证券交易委员会（SEC）和美国商品期货交易委员会（CFTC）的新举报投诉活动影响

总的来说，美国证券交易委员会（SEC）和美国商品期货交易委员会（CFTC）的新举报投诉活动影响是显著的。随着举报奖励的增加，举报的激励机制会进一步完善，更多的人会受到激励进而前来举报，公司将不得不在证券交易委员会和 CFTC 自行开展调查前，开展广泛的内部调查以应对相关情况（举报者愈发增多），以及通过落实制度与程序的方式，确保它们能够使政府相信他们有一个鼓励员工对公司给予正面和负面反馈的企业文化。自其未能认真对待关于伯纳德·麦道夫的举报事件以来，证券交易委员会已经改变了很多。在新发起的举报投诉活动中，证券交易委员会在其内部创建了一个鼓励和聆听举报者的激励机制。公司同样需要这么做。通过 120 天的可靠性和深入性调查，公司能够限制他们的责任和揭发；通过与举报者开展全过程的交流，公司能够让员工们相信，它们对反馈给自己的信息负责，并且此问题还没有上升到公司外部高度的必要。

第四章　如何应对
证券交易委员会的检查

监管机构和行业自律组织会对其监管范围内的公司进行周期性的检查，调阅它们的记录并确保这些公司遵循了所有的监管准则。这种检查程序包含了现场检查和非现场检查，往往会长达数周甚至更长，给那些想在检查期间维持其业务运转的公司带来了莫大的压力。接下来的三章将就如何应对由证券交易委员会、金融业监管局和国家期货协会等机构发起的不同类型的检查，为公司提供切实可行的建议。

4.1　证券交易委员会授权进行检查

在1934年颁布的《证券交易法》第17节的规定下，证券交易委员会有权对注册的经纪—交易商进行检查。交易法17节（b）有如下表述："凡被划定为经纪—交易商之机构，其交易记录皆须接受由证券交易委员会代表或其他适宜监管机构所执行之检查。此检查可于任何时点进行，亦可持续性进行；可周期性进行，亦可为特殊性或其他种类之检查。此检查之进行可出自监管机构判定之必要，亦可出自保护公共利益、投资者利益之必要"[①]。交易法17节（a）则指出注册的经纪—交易商"须按规定周期制作保存此类记录，并在证券交易委员会认为必要、保护公共利益或保护投资者利益之时，按要求提供相应的拷贝文件，制作并发布相应的报告"[②]。

---

① 15 U. S. C. 78q.

② 15 U. S. C. 78q（a）（1）.

　　1940 年颁布的《投资顾问法案》（*Investment Advisers Act*）第 204 节授权证券交易委员会"在（证券交易委员会）断定为了保护公共利益或投资者利益适合或必要时执行检查，此检查可于任何时点进行，亦可持续性进行；可周期性进行，亦可为特殊性或其他（对投资顾问）之检查。"①《投资顾问法案》第 204－2 条要求注册投资顾问制作并保存所有与其投顾业务有关的工作簿与记录，并保证其真实性与准确性。②具体来说，注册投资顾问须保留以下工作簿与记录：（1）日记账，包括现金收入和支出记录，以及任何构成总分类账科目基础的原始记录信息；（2）反映资产、负债、储备金和资本变动的总分类账，收入和费用报告；（3）记载投资顾问给出的买入或卖出证券指令的备忘录；（4）支票簿、银行对账单和现金对账表；（5）与注册投资顾问业务有关的单据；（6）与注册投资顾问业务有关的试算平衡表、财务报表以及内部审计工作底稿；（7）由注册投资顾问收到的书面沟通原始文件、发出的书面沟通拷贝文件，涵盖证券推介、资金或证券的收入与支付、募资或任何其他买入卖出的指令等各类业务；（8）投资顾问与客户所签订的书面合同，以及与投资顾问业务有关的其他书面合同。③

4.2　证券交易委员会的合规监督与检查办公室（OCIE）

　　对经纪—交易商和投资顾问机构的检查都是由证券交易委员会的合规监督与检查办公室执行的。合规监督与检查办公室的总部位于华盛顿特区，并在全美各地的证券交易委员会区域机构设有分支。除了对注册投资顾问和注册—交易商进行检查，合规监督与检查办公室还负责执行对投资公司、过户代理人以及自律组织（SRO）的检查。

---

① 15 U. S. C. 80b－4 (a).
② 17C. F. R. 275. 204－2 (a).
③ 17C. F. R. 275. 204－2 (a).

合规监督与检查办公室的使命是保护投资者、确保市场完整性，以及通过一系列风险关注的策略来支持合理的资本形成。这一系列策略包括：（1）提升合规性；（2）预防欺诈；（3）监控风险；（4）提供信息。[①] 合规监督与检查办公室的检查结果将被证券交易委员会用来知会规则制定机构、识别和监控风险、提升行业操作水平以及追踪违规行为。[②]

4.3　合规监督与检查办公室的检查类型

证券交易委员会的合规监督与检查办公室组织多种类型的检查。其中最基本的类型是常规检查（routine）、特定事由检查（cause）和全面检查（sweep）。就常规检查而言，通常是合规监督与检查办公室决定，基于公司的业务活动与风险状况，据此制定周期性的常规检查时间表；特定事由检查通常是由合规监督与检查办公室基于所获的特定信息发起，这些信息揭示了公司存在不当行为或违法行为的可能性；全面检查是合规监督与检查办公室在行业内为集中解决某一特定问题或做法而发起。另外，合规监督与检查办公室也会针对注册经纪—交易商实施监督检查，虽然近年来一直接受某自律组织的检查，比如金融业监管协会的检查，并在必要时实施其他基于风险分析的检查。

艾米·林奇（Amy Lynch）是一个公认的应对证券交易委员会检查的专家，她提出证券交易委员会最近针对新注册私募股权基金和对冲基金的一种检查类型，称之为"现场检查"，该种检查类型主要是证券交易委员会的检察官们现场进行持续数天的检查，以确保被监管公司具备某些基本的合规程序和做法。[③] 林奇在金融业已有 20 余年的从业

---

① http://www.sec.gov/ocie/Article/about.html#.VH4pNhOW70.

② 同上。

③ 这些"当前检查"是基于证券交易委员会一项开始于 2012 年 10 月的项目，这一项目主要关注风险合规领域证券交易委员会监管重点领域，并针对每一家公司的风险状况进行了定制化设计。

经历，她在证券交易委员会的工作生涯则是从纽约和华盛顿两地合规监督与检查办公室开始的。林奇在证券交易委员会负责对全国范围内的共同基金、投资顾问和保险公司执行检查。林奇还曾在金融业监管协会的执法部门供职，并且是一家独立的全方位咨询服务企业前线合规（FrontLine Compliance）的创始人和总裁。前线合规公司为诸多金融机构提供监管合规方面的咨询服务，其客户涵盖了投资顾问、经纪—交易商、对冲基金、私募股权公司、投资公司以及保险公司子公司等。

4.4　检查所需的准备工作

林奇解释道，为迎接监管检查，公司需要提前做好许多准备工作。良好的准备是最佳防线。虽然一家公司（管治者称其为一个"登记者"）永远也不知道它将面对什么类型的检查，但总有办法作出确定。如果公司面对的是特定事由检查（由于具体的举报或特定信息而引起监管层注意从而导致的检查），林奇建议公司管理者首先应该通过查看证券交易委员会调阅的是哪些工作簿与记录来弄清他们所关心的问题是什么。一旦提供了所要求的文件，对其进行分析就是非常重要的。在林奇看来，一旦公司弄清楚证券交易委员会为什么要调阅这些文件，管理者就可以很快判断出这次调查所涉及的风险范围以及决定下一步应该做什么。林奇同时指出，对于拥有较强合规程序的公司，应该已经知晓潜在的风险暴露领域；如果他们完全被证券交易委员会所检查到的隐患区域杀个措手不及，那么他们就应该好好考虑公司内控的有效性了。林奇也建议公司尝试去识别出证券交易委员会的哪个部门要着手调查。她指出，如果一项检查从一开始就有证券交易委员会执法部门的工作人员介入，那将是一个非常糟糕的信号。不过她也注意到证券交易委员会执法部门的资产管理办公室的确有与检查团队和合规监督与检查办公室一起工作的调查者，因此执法部门的介入并不必然意味着这次检查将会导致执法调查或行动。林奇还解释道，弄清证券交易委员会调查的动机有时候是很困难的一件事，因为证券交易委员会不大可能对一家公司说："这是一次特定事由检查，或这只是一次常规检查。"能否查明调查原因，往往取决于公司自身是否努力要弄明白。

当一家公司面临的是一次常规检查时，它能更好地为此提前做好准备。在做迎接常规检查准备时，公司可以选择进行一次模拟检查或通过由一家咨询公司进行的审计，来识别出公司合规程序中存在的潜在缺陷或挑战。林奇认为所谓"模拟审计"或"模拟检查"一词已经在业内被广泛误用了。一家公司可以花 5000 美元做一个一天的现场"模拟审计"，也可以花 250000 美元做一个持续数月的全方位审查；当然，这两者之间还存在多种不同形式。关键在于要找出与这家公司的年龄、规模、资产种类和商业模式等相匹配的审查类型才有意义。最重要的是，一次审查应该能给公司提供价值，让公司拥有成就感，并给予其合规程序以积极的方向，即便同时点明其有必要作出修正。

林奇建议模拟检查和模拟审计应该由对证券交易委员会检查程序十分了解的人来进行，包括获取证券交易委员会当时所能真实调阅文件的拷贝、引导公司走一遍证券交易委员会检查的真实流程。林奇认为，这种模拟检查的关键要素在于让公司所有的员工都知晓证券交易委员会的检查将包含哪些内容；她强调这个知晓的主体是"所有员工"，不仅仅是首席合规官（CCO）或是总顾问（GC），而是包含首席交易员、分析师、资产组合经理、首席财务官、首席运营官（COO）和首席执行官在内的所有员工。要知晓的内容包括检查中可能问到的问题，以及每个人在检查中将要扮演的角色。

受查公司应该意识到模拟检查的结果很有可能在证券交易委员会实际检查中作为公司的内部审计报告而被要求提交，对待报告的基调和内容也要牢记这一点。林奇解释道，她会让参与模拟审计过程的客户做好接受问题发现的心理准备，而且必须解决和修正这些被发现的问题，以免它们在证券交易委员会的实际检查中被发现。此外，我们也可以采用一些特定的措施来应对证券交易委员会检查官员的到来。例如，凡是涉及之前检查和审查的文件应该在证券交易委员会检查者到来之前提前检查一遍，之所以检查一遍是为了保证之前监管检查所提到的问题或缺陷都已经得到解决。

公司应该提前将检查过程中须出示给证券交易委员会查阅的相关文件进行汇编。例如合规记录就是一种典型的相关文件，包括公司的培训证明等，这些文件可以向检查者说明本公司已建立起了强有力的合规文化。另外，由于检查者通常会要求参观公司的设施、办公区域和交易场所，恰当的做法是公司应该提前采取措施确保办公区域看起来整洁有序，敏感信息得到妥善处置。

4.5　检查的步骤

通常来说，公司接到首席检查员的电话是一场常规检查的开始，随后公司将收到来自证券交易委员会的首封信件。这封信通常会要求公司提供一系列基本文件，包括公司组织结构图、员工名单、合规政策与程序以及财务文件，并开始搜寻一些检查所需的数据。公司应该仔细查看这封信件，并按要求及时提供相应文件。林奇表示，许多公司在面临证券交易委员会检查时往往会犯一个相同的错误，那就是因为紧张而反应过度。她认为当一个人听说证券交易委员会将要来进行审计时感到紧张是十分正常的，但这很容易导致公司因过于紧张而无法合理应对证券交易委员会的要求。举个例子来说，证券交易委员会所发文件要求在他们的工作人员到达现场前看到某些特定信息，而他们计划检查人员则将在三周之后进驻公司。林奇建议受查公司此时完全没有理由急着给出反馈，因为如果公司立即提供了文件和信息，证券交易委员会将在到达现场前有两周半的时间来查看公司的数据。她还指出，虽然说一方面，公司是应该回应并确保提供证券交易委员会所要求的数据，但另一方面，也完全没有必要给检查人员过于富余的时间让他们仔细浏览这些文件，并想好在现场检查时将深入挖掘哪些方面的内容。

林奇同时强调，在将文件材料移交证券交易委员会之前，对所有内容进行仔细检查是非常重要的；那些未经内部分析就匆忙提交材料最后被查出问题的案例已经屡见不鲜了。她认为这种做法很可能会导致大问题，因为公司可能移交了一份包含危险信号的文件却完全不自知。

以合理有序的方式应对检查者的文件材料要求也是十分重要的。那种希望通过提交海量文件意图使检查人员无暇细查的做法是不可取的。这种做法不仅会激怒检查者，还会使检查时间不必要地拉长。公司应该考虑进行文件编号或者提供检查者文件目录索引，这样双方都能对审查文件保持追踪。

公司还应该保证会议室处于可使用状态，并为进行现场检查的工作人员提供足够的办公场所。另外，尽管公司通常都会给检查人员提供电脑终端以方便其工作进行，但受查公司还需确保检查人员不能借此随意进入公司的运营系统。

在检查人员到达公司的头几天，通常会进行一个启动会议。在这场会议上，公司应该对应答一系列问题做好准备，包括公司的组织结构、经营范围、收入来源、业务运作、客户的种类与特征，以及涵盖了内控和待监管行动在内的合规环境等。安排一位高级别的管理人员参加启动会议将是一个非常有效的举措，公司可以借此强调对合规的重视。

林奇建议公司委派一个协调人，通常由首席合规官担任，作为检查者与公司的联络人，他将参与每一次会议，为检查者获取公司信息提供便利。林奇建议这个联络人至少每天都要与现场检查人员对接一次，以保证他们及时获得他们想要的信息，而不会在没有首席合规官陪同的情况下四处走动并与员工访谈。

一般来说，联络人与公司员工要确保没有将检查者视为敌手，并与其保持合作性的交流。与检查者的所有会议，即使是对公司高层的访谈，都应该被视为公司向检查者解释其业务运转状况的机会，而不是与其争论他们所处的位置。公司对待检查者也应该尽量保持诚实坦率，面对措辞严厉的问题时，不要去隐瞒那些已经明显被察觉的信息。另外，联络人应该及时回复检查者的来电，即使不能马上提供相应的信息。一个及时的回复说电话已经收到了能够建立起好感，说明公司正努力配合去寻找所要求信息与文件。

林奇认为公司如果聘有总法律顾问（GC），最好让他参与检查活动的启动会议和结束会议；但若在检查过程中没有涉及法律议题的话，他就无须与检查者有更多的直接接触。林奇还指出，除非可以使面临的问题减轻罪责，公司不需要在检查阶段引入外部法律顾问。证券交易委员会官员往往会将检查过程中公司聘用外部顾问视为其意图销毁或掩盖信息的行为。外部代理人的出现会使得检查者变得更为激进和难以沟通，最终导致对调查发现的误读。

在证券交易委员会的检查过程中，与公司员工的访谈是比较常见的。对于所有的访谈而言，让公司的联络人在场是非常重要的。而受访者的准备工作也很重要。作为受访者，事先了解访谈的范围和可能被问到的问题是很必要的。受访者在访谈前最好对检查者已获取的相关文件资料有一个深入了解。在访谈中，员工应该明白他们要解释清楚他们的工作职责，并注意访谈中的访谈基调是合作性而非敌对的。合规部门应该告诫员工在访谈中不要推断或猜测答案，最合适的做法是直接表明："我不知道，这不是我的职责范围。"虽然联络人不能以任何方式打断访谈，但可以插话使提问更为清晰明了，他甚至可以引导访谈的方向，确保检查者提问的问题在访谈前安排的范围内。如果当前的受访者已经很显然在回答超出他工作范围的问题，联络人可以推荐更为合适的员工另外进行一场访谈。

如果联络人或首席合规官确信证券交易委员会已经在调查过程中识别出了一个严重的合规问题，一个可行的办法是聘请一位有证券交易委员会检查经验的咨询顾问来判断问题的严重程度以及应该采取的措施。林奇指出，咨询顾问可以帮助公司判断首席合规官的担心是否有必要，并根据问题的严重程度建议公司是否有必要保留外部顾问。她还解释说，证券交易委员会的官员也会出现不理解公司的商业模式以及公司内部各部门间复杂的互动关系的情形，从而由于缺乏理解而认为公司存在合规或其他方面的问题。在这种情形下，咨询顾问可以协助公司向证券交易委员会的检查者解释并避免此类问题。

　　有时候公司必须应付缺乏经验、甚至是难缠好斗的检查官员，尽管这种情况还是比较少见的。林奇解释说，对于那些承认自己刚加入证券交易委员会不久、想尽快弄清楚公司运作机制的新手官员是很好打交道的，你只需要好好帮助他理解公司或行业实际是如何运转的就行。而对付一个恰恰相反是老手且怀有敌意的检查官员，林奇认为可能会相当棘手，因为你得保证对于一个不讲理的检查者应答及时而不具有回击的意味。林奇建议当检查者显得过于难缠，无论公司如何费力解释都不理解公司的情况时，公司就有必要联系证券交易委员会的上层官员。

　　林奇解释道，证券交易委员会检查小组中级别较低的官员可能毕业没有多久，但高级别的官员则至少在证券交易委员会有3~4年的工作经验。由于金融危机带来的监管压力，以及证券交易委员会近年来在多次调查后仍未能发现诸如麦道夫涉及500亿美元的庞氏骗局等重大诈骗行为，证券交易委员会近年来已经招聘越来越多从业经验丰富的人加入他们的检查团队。总的来说，林奇认为这是一件好事，因为检查官员会更容易理解公司的业务情况。不过另一方面，她提出这也会导致证券交易委员会的检查者们对公司信息的挖掘较以往更为迅速、更为深入。另外据她所说，有些经验更为丰富的官员可能会从某些假想的潜在问题着手进行调查，他们决心在企业中发现这些问题，而事实上这些问题也许根本不存在。在这种情况下，林奇建议公司向检查者耐心地解释："是的，我们的做法确实不同。我们的操作方法可能与您之前的雇主或是您在其他公司所看到的都不太一样（这可能是证券交易委员会比较关注的），但这就是我们如何做得而且我们认为这样做是正确的，因为理由 A、理由 B、理由 C……我们已经准备好相关文件给你们看。"她认为处理这个问题的关键，在于向检查官员解释"存在不同并不必然意味着违规问题的存在"。条条大路通罗马，实现合规的结果并不只有一种运作方式。

整个检查活动通常以一场退出会谈告终，在会上证券交易委员会的检查官员会详尽地解释他们的初步发现。林奇指出退出会谈一般是公司弄清调查人员想法的最早机会。她建议公司利用这个会议来澄清证券交易委员会所指出的问题，如果必要的话，向检查者提供更多的资料以便进一步阐明证券交易委员会可能的发现。林奇还指出，即使在退出会议结束后，公司也可以就会谈中被指出的问题进行回头看并进行自行分析，并向检查官员提供更多对公司有所帮助的信息或文件资料。如果证券交易委员会在退出会谈中所指出的问题让公司措手不及，而且可能导致公司认为并非正确的缺陷，她建议公司聘请外部咨询机构来协助公司说服证券交易委员会改变其立场看法。一家好的咨询公司可以作为一个理解双方的公正第三方，有效化解存在于公司与检查官员之间的误解。这对于找到一个令双方都满意的解决方案来说是至关重要的。

4.6　证券交易委员会检查如何作出结论

检查的结论可能会以以下二种方式呈现：（1）没有任何发现和缺陷；（2）一封信件指出识别的问题并要求改正；（3）将问题提交证券交易委员会执法部门做进一步调查。林奇观察发现，只有大约2%的证券交易委员会检查会得出"没有任何发现和缺陷"这一结论。发送给受查公司的缺陷反馈信件在长度和范围上都会存在较大差异，其信中所包括问题的严重程度也可能非常不一样。林奇指出，如果所提的缺陷问题与公司内控缺失有关，那对于公司来说将不是一个好兆头。

根据林奇的经验，如果证券交易委员会的缺陷反馈信件中指出了大量的缺陷并使用了诸如"这表明公司存在内控缺失"的字眼，公司就要引起足够的注意了，因为证券交易委员会可能觉得公司存在系统性的问题有待解决，并将在不久后对公司进行回访以检查这些问题的改进状况。当这样的情况确实发生时，林奇建议公司应认真考虑对合规部门进行详细检查，最好聘请外部咨询机构协助。证券交易委员会通常会在缺陷反馈信件中指出某些缺陷问题，并要求公司将解决这些问题的措施进行书面回复。公司要确保在回复缺陷反馈信中说明由员工参与的为解决这些问题所采取的改进行动，并附上支持以及记录这些改进措施的相关文件。除此之外，别在回信之中提供与证券交易委员会所提问题不相关或不必要的信息也是很重要的一点。

如果检查小组将问题提交给了证券交易委员会执行部门，公司一定要保留外部咨询机构。在这种情形下，公司要准备好被要求提供更多信息，员工也有可能被要求出具证词。如果证券交易委员会执行部门的官员决定采取正式行动，他们通常会通知公司被怀疑存在哪些违规行为。

4.7　证券交易委员会合规监督与检查办公室（OCIE）的检查趋势

公司还应该了解证券交易委员会合规监督与检查办公室（OCIE）近年来的检查趋势。在2014年4月，合规监督与检查办公室发布一个风险警示，宣布他们计划发起的检查，要对证券行业进行网络安全准备情况进行评估。作为这个计划的一部分，合规监督与检查办公室计划对超过50家注册经纪交易商和注册投资咨询机构进行检查，检查内容聚焦在：（1）机构的网络安全管理；（2）网络安全风险的识别与评估；（3）网络与信息的保护机制；（4）远程客户接入与资金划转请求的相关风险；（5）与供应商和其他第三方有关的风险；（6）对未授权活动的甄别；（7）对特定网络安全威胁的经验。①网络安全检查的目的在于找出一片可以让证券交易委员会和业界并肩作战保护投资者和资本市场免受网络安全威胁的阵地。

另外，在麦道夫丑闻公之于世后，资产保管就成为合规监督与检查办公室针对投资顾问和投资公司的最为关注的问题。当我在证券交易委员会担任总检察官时，我对证券交易委员会为何没能识破麦道夫的庞氏骗局进行了调查，我发现合规监督与检查办公室曾对麦道夫的公司进行过多次特定事由检查，而这些检查都是基于若干明确、有细节且足以暗示麦道夫在进行大型诈骗的举报。尽管证券交易委员会进行了多次检查，但没有一次试图采取基本步骤通过第三方来确认麦道夫交易的真实性。另外，证券交易委员会的检查者也从未采取过实质性的举措来确认资产保管问题，也从未弄清麦道夫的操作和交易清算是如何进行的。作为前车之鉴，现在证券交易委员会的检查项目对于未能遵守"托管条例"（Custody Rule）的顾问机构给予特别的重视。②

4.8　不要低估证券交易委员会的检查者

正如上面所讨论的，麦道夫丑闻的另一个影响是证券交易委员会聘用了一批更有经验、能更好地审查经纪—交易商和投资顾问机构的检查者。在一家公司可能面对的所有检查里，很有可能证券交易委员会的检查者是最有能力和经验的。然而，无论这些检查者经验有多丰富，去理解一家公司——甚至是一个行业——还是相当困难的，更不用说还有那些公司特有的管理层以及形形色色的员工了。因此，应对证券交

---

①　查询链接 http：//www. sec. gov/ocie/announcement/Cybersecurity + Risk + Alert + + % 2526 + Appendix + - +4. 15. 14. pdf.

②　保管条例（the Custody Rule），即投资咨询机构法案（the Investment Adviser Act）的 Rule206（4）-2，旨在保护由注册投资咨询机构所管理的资产。在这一条例规定下，一家注册投资咨询机构必须将客户的资金与证券存放在合格的托管账户之中，该账户只能存放客户的资金并做到有效隔离。

易委员会检查的最佳方法就是放下敌意与傲慢，去与检查者沟通。在这种思路下，公司要准备恰当，只要能向检查者展示出公司强大的合规文化，他们就能顺利通过证券交易委员会的检查，没有大的缺陷，也不会加剧问题的恶化。

第五章　如何应对金融业监管局的检查

美国金融业监管局（FINRA）是一家私立的行业自律组织，依据《证券交易法》[①] 在证券交易委员会登记并由后者监督。金融业监管局由其成员所有和经营，但是该组织的所有规章制度都必须通过证券交易委员会的认可。金融业监管局要求任何通过州际贸易进行证券交易的经纪—交易商必须注册。[②] 在另外一些情况下，向经纪商和交易商提供服务的一方，例如投资银行、咨询顾问、中介以及中间人，如果参与活动类似于经纪商和交易商，则会被要求经纪—交易商的身份注册。金融业监管局有权管辖纳斯达克市场（NASDAQ）和场外交易市场（OTC）中的各种产品。场外交易市场包括在场外和柜台交易行情公告榜的股票、全国交易所上市的第三市场交易的证券以及国债和市政债券。除此之外，金融业监管局还监督管理成员的活动，如企业债务、共同基金、直接参与项目、有限合伙以及变额年金。金融业监管局还强制执行市政债券的规则，虽然这些规则是由市政证券条例制定委员会通过并由证券交易委员会批准的。

金融业监管局的前身是美国证券交易商协会（"NASD"）。2007年，美国证券交易商协会和纽约证券交易所的一些监管部门合并，由此

[①]　SEC 授权给金融业监管局这样的行业自律组织（SRO）来监管证券市场及市场中的参与者。SRO 可以是参与一个国家级交易所，例如纽约交易所（"NYSE"），或是一个例如金融业监管局的国家级证券协会。

[②]　参见《1934 年证券交易法》，由 15 U.S.C，第 78a 条及下列等成文规定。决定是否构成经纪—交易商活动取决于事实，包括：（a）参与证券交易的游说、商议或执行；（b）接受基于交易的补偿；（c）持有投资人资金或证券。

产生了金融业监管局。

5.1　金融业监管局的资格要求、规则与制度

金融业监管局提出了严格的资格要求，必须满足条件后才可以成为其成员。金融业监管局会员的准入条件包括：

- 满足净资本要求。
- 至少有两位负责人在管理企业。
- 每位负责人必须有至少一年的直接经验或者两年相关经验；每位负责人和企业的注册代表必须进行并且通过必要的证券资格考试。
- 满足反洗钱（"AML"）要求。
- 满足审计跟踪报告要求。[①]

金融业监管局颁布规章制度、监管审查成员的业务活动并且设计运营市场服务和设施。根据其规则，金融业监管局有权向成员企业索取信息。一般来说，金融业监管局法规允许其员工：（a）索取成员企业的账本和报告；（b）向企业相关人员索取宣誓证词。[②] 而且金融业监管局的成员企业及其相关人员还要及时回应金融业监管局的信息索取，否则将面临罚款、停牌或者被禁止进入行业。[③] 依据《证券交易法》，经纪商或交易商在证券交易委员会注册后 6 个月内，作为金融业监管局的成员，必须对该经纪商或交易商检查，确保其与相应的财务责任规则相一致。[④]

5.2　金融业监管局基于风险的检查

近些年来，金融业监管局的检查已经转移到基于风险展开。金融业监管局会要求企业先完成风险控制评估，根据结果决定检查的重点。根

---

① http：//www.finra.org/Industry/Compliance/Registration/MemberApplicationProgram/HowtoBe-comeaMember/P006269.

② 金融业监管局手册—金融业监管局规定，§8210a。

③ 参见金融业监管局手册 §§8210（b），8310（a）。

④ 参见15 U.S.C.§78o；17 C.F.R.§240.15b2-2（b）。

据金融业监管局风险预测模型判定出的风险最高企业，每年都需要接受一次金融业监管局检查。风险最低的企业则大概每四年被检查一次。在确定一个企业风险预测模型时，金融业监管局会考虑多种因素，例如企业的业务活动、运营方式、产品种类、合规状况以及财务状况。[①]

5.3 金融业监管局监管和审查的重点

金融业监管局每年都会发布其监管和审查重点，强调那些来年有可能对投资者和市场完整性产生不利影响的主要风险和问题。金融业监管局将会把这些重点融入检查内容或者审查目标。金融业监管局于2015年1月公布了第十版监管审查优先事项公告书，由此提出2015年监管和审查工作的重点。[②] 在公告书内，金融业监管局首先指出企业面临的常规挑战，例如顾客优先、企业文化、监管、风险管控、产品和服务供应以及利益冲突。关于利益冲突，金融业监管局指出了最近已经宣布采取的对没能有效处理利益冲突的企业的数项制裁行动。[③]

金融业监管局还阐述了2015年的关注重点领域，具体分为销售实务、财务和运营以及市场完整性。作为金融业监管局2015年销售实务优先关注的一部分，金融业监管局给出的参考重点是：

• 以产品为中心的关注。指出企业需要进行尽职调查、作出正确的适宜性决策并且以散户投资者可以明白的方式不偏不倚地描述产品风险。

• 利率敏感的固定收益证券。对于利率极其敏感的产品，例如长期固定收益证券、高收益率债券、抵押支持证券或者由利率敏感证券组成的债券基金，金融业监管局检查员会关注集中持仓量并检测适当性

---

① http：//www. finra. org/newsroom/speeches/ketchum/p120108.

② http：//www. finra. org/web/groups/industry/@ip/@reg/@guide/documents/industry/p602239. pdf.

③ 2014年12月，金融业监管局宣布罚款10家企业共4350万美元，因为这些企业允许他们的股票研究分析师招揽投行业务和提供相关2010年玩具反斗城的计划上市的有利投资研究。http：//www. finra. org/Newsroom/NewsReleases/2014/P602059。

和信息披露是否充分。

- 变额年金保险。会引起金融业监管局检查员对薪酬结构进行评估，看是否对销售变额年金保险有不当的激励作用，以及推荐是否合理、对产品的阐述是否属实和对于变额年金保险物质特性的披露是否充分。

- 另类共同基金。根据金融业监管局称，相较于传统基金，投资者可能会无法理解这种基金的相关策略以及如何应对不同的市场形势，因而引起了关注。金融业监管局还会关注企业是否通过其新产品审查过程对另类基金进行检测。

- 非交易型私募房地产投资基金（"REITS"）。金融业监管局重点检验流动性缺失、高费用以及估值困难等风险。金融业监管局还要求企业必须对销售代表推荐的 REITs 进行持续性的尽职调查，寻找 REITs 财务报表或管理方式中潜在的危险信号。①

- 跟踪另类加权指数的交易型交易产品（"ETPs"）。金融业监管局认为对于个人投资者这类产品会显得复杂而陌生，并且使投资者暴露于一些特定的投资风险因素或策略。

- 结构性零售产品（"SRPs"）。包括具有复杂支付结构的结构式票据以及将专门指数作为标的资产。金融业监管局表示重点关注批发商是否对分销商有完整全面的认知，是否有设计合理的程序确保潜在分销商具备完备的管控和成熟的制度，并且可以应对可能产生的额外冲突，例如当直销商和批发商是关联公司时。

---

① 2014 年 3 月，金融业监管局宣布对 LPL Financial LLC 处以 95 万美元的罚款，因其另类投资产品相关的监管存在缺陷，包括：封闭性私募房地产投资基金、油气合伙关系、企业发展公司（"BDC"）、对冲基金、管理型期货以及其他非流动性直通投资方式。http：//www. finra. org/newsroom/newsreleases/2014/p468052。2012 年 10 月，金融业监管局命令 David Lerner Associates, Inc.（"DLA"）向因购买苹果 REIT 10，一种非交易 20 亿美元的 REIT DLA 销售而受到影响的客户和被收取过多加价的客户支付大约 1200 万美元的赔偿金。另外，金融业监管局对该公司的创始人，主席和总裁处以 25 万美元的罚款并禁止他在一年内参与证券行业相关活动，接下来的两年不能担任委托人。金融业监管局同时也对 DLA 的首席交易官，威廉·梅森罚以 20 万美元的罚款，并且因为他参与过度收取市政债券和 CMO 利润而六个月不得参与证券行业的相关活动。http：//www. finra. org/newsroom/newsreleases/2012/p191729。

● 浮动利率银行贷款基金。特别是当它们与散户投资者相关时。金融业监管局认为这些基金很难估值，因为它们相较于其他投资有较长的交割时间但是流动性相对较差，若很多投资者同时申请赎回可能会造成流动性短缺。

● 证券支持的信用额度（"SBLOCs"）。经纪商和交易商应该具有恰当的控制措施进行监管。金融业监管局检查员会审查客户是否充分了解项目特点，以及企业是否具备恰当的操作程序，从而可以与放贷机构沟通、监督客户账户；进行详细记录并且确保抵押物不足时可以及时告知客户。

● 监管规定。金融业监管局于 2014 年 12 月对规定进行复查并且修改了多条要求，包括与以下内容相关的规定：（1）监督所管辖的分公司并检查各分支机构；（2）解决企业监管体系中的利益冲突；（3）执行基于风险的对通信和内部沟通渠道的审查；（4）执行基于风险的对投资银行业务和证券交易的审查；（5）监测内部交易，开展内部调查并向金融业监管局报告相关信息；（6）测试和校验监管控制程序的有效性。[①]

● 个人退休账户（"IRA"）展期和其他财富事项。重点监测企业在处理投资者生活中出现了重大财富变化时的管理能力，例如投资者面临如何处理巨额财富（来自继承遗产、人寿保险支付、出售企业或其他主要资产、离婚协议金或者个人退休账户展期）的决策。金融业监管局检查员会仔细审查企业在面对财富事项时的管控措施，重点检验企业在监管、适宜性以及信息披露义务方面的合规性。

● 过度交易和集中度控制。金融业监管局指出企业对于量化交易适宜性和集中度的监管不足会导致此类问题。金融业监管局检查员专注于企业检测过度交易和产品集中的监管程序、体系和管理，并且会审

---

① 更多细节请参考金融业监管局的监管新规定，http://www.finra.org/web/groups/industry/@ip/@reg/@notice/documents/notices/p465940.pdf。

查企业使用的例外报告原则和企业是否可以胜任这些例外情况的后续工作。

- 私人配售。金融业监管局指出以下现象的存在，即不充足的尽职调查和适宜性分析，以及提供的文件和进行的交流不符事实、省略信息或者与金融业监管局交流规则不符。

- 高风险、累犯经纪人。金融业监管局认为这些经纪人会给投资者造成巨大风险，因此金融业监管局正在扩大使用数据挖掘、分析、针对性调查的开展，加速调查过程，加快采取措施，希望解决这些顾虑。

- 申购费折扣和减免。根据金融业监管局的观察，在某些情况下客户并不能得到购买一些产品应该享有的批量折扣价或者费用减免，[①]产品包括封闭性 REITs、单位投资信托、业务发展公司和共同基金。

- 年长的投资者。金融业监管局希望通过派遣检查员仔细审查企业与年长者的交流、企业提供给年长者的投资建议适宜性、针对年长者业务的注册代表培训以及企业为保护年长者采取的监管措施。

- 反洗钱，特别关注特定类型的账户，包括现金管理账户（"CMAs"）和某些付款交割/收据交割（"DVP/RVP"）账户，以及企业持续监督客户交易的能力。金融业监管局还指出它认为企业在小型证券的发行交易中对于反洗钱和第 5 节合规而开展的尽职调查有时会不充分的，无论他们是否从另一个经纪—交易商或过户代理人获得股票，也无论是采取实体或者电子形式。[②]

- 市政府顾问和证券。确保符合 2014 年 7 月生效的证券交易委员

---

① 2014 年 4 月，金融业监管局宣布对美林证券收取 800 万美元的罚款，因其未能免除一些慈善机构和退休账户的共同基金申购费。在该公司已经支付给处于弱势客户的 6480 万美元的基础上，还命令美林证券赔偿 2440 万美元给受到影响的客户。http://www.finra.org/Newroom/NewsReleases/2014/P530005。

② 2014 年，金融业监管局对布朗兄弟哈里曼（"BBH"）处以 800 万美元的罚款，因其发生了严重的反洗钱合规性违规，包括没有足够的反洗钱方案来监管和发现可疑的低价股票交易。BBH 的前全球 AML 合规官哈罗德·克劳福德（Harold Crawford）也被罚以 25000 美元并被停职一个月。http://www.finra.org/Newsroom/NewsReleases/2014/P443442。

会市政府顾问注册新规的要求。[①]

金融业监管局公布的财务与运营优先关注重点包括：

● 融资与流动性：看重非高质量流动性资产。根据金融业监管局的观察，有时企业的融资和流动性计划会依赖于是否可以以企业向市场开列的价格/接近价格销售产品或者参与回购交易。因此，金融业监管局会检查按市值调整的这些证券是否准确完整以及与整体估价过程相关的监管是否有效。

● 涉及免税或者联邦存款保险公司（FDIC）保险产品的销售。空头头寸的创造和实现应经过金融业监管局检查，包括是否符合持有规范或管理要求、现行监管程序是否可以快速地实现这些头寸。

● 网络安全。这同样也已成为证券交易委员会的检查重点，引致金融业监管局的检查员审查企业对于网络安全风险管理的处理方式，包括企业开展风险评估和处理评估结果的管理架构和程序。

● 外包。这将会成为金融业监管局检查中的优先审查区域，包括分析企业对潜在供应者进行的尽职调查和风险评估，以及他们对外包活动和机构进行的监管。

● 投资者保护和及时报告应披露信息。金融业监管局检查员会审查要求的披露是否完整、准确以及是否在规定时间内完成；判断企业是否采取了控制、程序和措施保证及时的文件呈报；决定是否存在公开记录审核。

市场完整性的优先关注重点包括：

● 围绕交易技术的监督与管理。金融业监管局检查小组会注重审查算法的开发和持续监督。

● 滥用算法。金融业监管局试图通过进一步加强其监视程序侦察由滥用交易算法导致的新型潜在操纵交易活动来解决这一问题。

---

① 关于这些市政顾问注册新规的更多信息请参考 http：//www. sec. gov/rules/final/2013/34 – 70462. pdf。

● 跨市场/跨产品操纵。金融业监管局表示其跨市场监控已经覆盖99%的美国权益市场。

● 指令传递业务、最优执行和披露。导致金融业监管局彻查那些为提供流动性将很大部分滞销限价单传递给可以提供最高交易折扣的交易场所的企业。

● 市场准入。金融业监管局准备为此开始一个试点计划，目的是将跨市场监管项目所检测到的关系交易警示传递给企业，为企业提供信息，以补充企业关于探测和预防监管努力。

● 审计跟踪完整性。特别关注在交易报告和合规系统（TRACE）中的延迟报告①——因交易部门缺乏监管过程和程序而产生的看起来符合条件的证券。

每年在金融业监管局检查前都应该仔细审查这些检查重点，以了解金融业监管局检查员在检查中将会被建议侧重哪些重点。

5.4　金融业监管局和证券交易委员会检查的区别

金融业监管局的检查与证券交易委员会的检查不同在于前者覆盖面更广。证券交易委员会检查更偏向于对几个有限领域进行更为透彻的审查。

金融业监管局检查一般是常规的周期性检查，覆盖一家企业几乎所有的业务和经营。马特·德怀尔，一位权威的金融业监管局检查专家，认为金融业监管局检查更具体系，因为他们检查的方面比较多。德怀尔是一家咨询公司的所有者和董事长，他们协助经纪商、交易商和投资顾问完成监管和合规义务，尤其关注金融业监管局检查。他也曾经在金融业监管局担任过将近6年的高级合规检察官。德怀尔表示，证券交易委员会检查会将80%~90%的时间花费在检验企业的一个业务领域上

---

① 　全称为 Trade Reporting and Compliance Engine（交易报告和合规性检查系统）。

面。而金融业监管局则会审查很多个领域，无论企业是如何组成的。

企业有可能会在经历金融业监管局检查不久后就收到证券交易委员会检查的通知，或者反之亦然。德怀尔指出，企业往往会倾向于两项检查接连进行，甚至同时进行。如果企业希望在两项检查间有所间歇，根据德怀尔的经验，可以向金融业监管局申请调整安排。企业完全可以告知金融业监管局不方便按最初的安排接受检查，因为企业的关键人员如首席文化官（CCO）或财务总监（CFO）无法脱身或者正在外度假。德怀尔表示，金融业监管局对于这种安排的问题通常都会比较通融。

5.5　金融业监管局检查的类型

进行一场常规检查时，金融业监管局会审查企业的财务情况、监管系统、内部管控、反洗钱（AML）、销售实务问题、经营可持续性策划和其他经营、业务领域。周期性检查通常聚焦于以下重点：

- 企业的监管控制报告，明确展示企业书面的合规政策和监管步骤，并且记录了这些政策的实际检验效果。
- 企业合规工作人员的经验水平。
- 反洗钱（包括企业客户识别流程是否完善）。
- 场外交易证券的交易报告。
- 对电子邮件保留。
- 账本和记录的完整性。
- 企业对丁员工进行外部业务和员工交易展开的监管。

金融业监管局也会展开交易和金融合规（"TFCE"）（即以前著名的交易和做市"TMMS"）检查，检查覆盖所有交易。德怀尔解释说，这些检查主要处理交易报告和做市，尤其是针对于那些可以直接进入市场的企业。

特定事由检查也有可能源于金融业监管局对客户投诉、员工仲裁、告密提示和/或其他监管者指引的审核。这些检查可能事先没有通知，而检查员或许会寻求进行数据捕捉，包括交易记录、电子邮件和其他电子储存信息。

金融业监管局同样也进行清扫式检查。根据德怀尔说法，金融业监管局会检查行业中的一个特定部分、一些特定企业或是一种特定的业务活动。他指出在过去的 10 ~ 15 年金融业监管局进行的大规模彻查之一是共同基金断点检查（breakpoint），金融业监管局选择了数家企业并且仅聚焦于一个专题进行审查。在 2014 年，金融业监管局将网络安全问题作为工作重点，并对企业管理网络安全威胁的方式进行评估。金融业监管局实施这次评估有四个宏观目标：（1）更好地理解企业面临的威胁类型；（2）增强对企业风险偏好、暴露以及其 IT 系统中存在的弱点的理解；（3）更好地理解企业管理这些威胁的方式，包括通过充分的风险评估，IT 协议、申请管理实务和监管等；（4）与企业共享观察结果和发现。①

5.6　金融业监管局检查的实施

金融业监管局通常都会在抵达现场前两到四周通知企业接受检查。金融业监管局通知后不久，企业会被要求完成一个网络信息请求表。企业需要核对并且更新金融业监管局保留的有关自己的信息。完成该网络信息请求表后，金融业监管局会运用这些信息及其他信息制作出记录索取清单。

检查人员审查企业的时间长短很大程度上取决于企业的规模。大型国际企业可能要面临检查员长达 3 ~ 4 个月的实地探访。对于一家中型规模企业，德怀尔认为则有可能只有一到两周现场审查。

德怀尔建议企业在金融业监管局检查前，应该审核一下每年 3 月31 日要提交的监管（3120）报告，看看是否有潜在不足。德怀尔建议接下来应进行风险评估和基本测试，在正式检查前确定弱点。如果证实

---

① 参见 http://www.finra.org/Industry/Regulation/Guidance/TargetedExaminationLetters/P443219.

了弱点或缺陷，则可以在金融业监管局到来前进行模拟检查，努力弥补缺陷。他建议企业至少开始时提供一个企业主导的内部审核或检查的高度概括的总结。根据德怀尔，他认为将完整报告交给金融业监管局相当于给检查员提供了一份定位缺陷的"藏宝图"。德怀尔指出，通常情况下，企业不应该主动提交文件给金融业监管局，但如有特别要求则按要求提交。

一旦通知了检查，金融业监管局会通过其网关发出一份电子的记录索要请求。德怀尔建议应对检查的负责人应分别会见每一位提供报告或者金融业监管局可能会想访问的人。负责人应该提供给员工一份文件所要拷贝并预计可以拿到文件的时间。追踪金融业监管局的每个索要请求和回复内容也很重要。德怀尔指出有时在检查中，金融业监管局检查员会说："是的，请问我可以看看那个月的报表吗？"或者"你可以往列表上增加这个和这个吗？"在这种场景下，德怀尔建议企业的联系人要求金融业监管局以书面或电子形式表达请求，方便对其的有效追踪。虽然过去几年金融业监管局在此领域已经有所改进，而且目前检查员发出的大部分请求都是电子版的，但仍然存在例外，企业应该要求纸质手写的信息。

德怀尔认为企业中负责和检查员联系的人应该参与每一个检查员进行的会议和采访。他指出，一般法律顾问不会参与这些会议。但是在较小的企业中，首席文化官有可能同时也是律师，甚至是企业的总法律顾问，这种情况下，律师就完全可以参与每次会议或采访。

德怀尔建议企业的联系人在金融业监管局检查者主导的访谈中可以积极主动一些。比如说，如果检查员在和企业的交易主管谈话，并且问他或她所不熟悉的有关汇报交易的问题时，联系人应该介入并进行解释。例如，联系人可以指出交易汇报主要是运营部门的职责，并提醒对方"这个问题你最好还是找运营主管聊一聊"。但是德怀尔指出有的时候联系人也会过于积极，以至于金融业监管局检查员会说"我需要某某而不是你来回答这个问题"或者表达类似的意思。这种情况下，联系人需要进行退让，以免惹恼检查人员。一定要把握好与检查员维持良好关系和保护与检查员交流的职员之间的平衡。

德怀尔指出企业时不时地需要面对比较难应付的检查员。通常会有一个总负责检查员和两到三个其他检查员进行现场检查。如果和其中一位检查员发生了问题，德怀尔建议还是先和那位检查员进行沟通。企业与金融业监管局检查员之间最常见的问题就是当检查员以探究企业为己任，在未得到允许或未事先安排的情况下提问企业职员。发生这种情况时，德怀尔建议联系人找到这么做的那位检查员并表示，"我们会提供一切你需要的信息，但是出于以下几个原因，必须先经过我。第一，他们有自己的工作需要完成。第二，我需要记录并登记你提出的所有请求。第三，这些是我们当初在启动会议就定好的基本规则。"如果行不通，德怀尔建议可以私下找到总负责检查员，告之与其下属检查员发生的这些事。如果总负责检查员没有解决该问题，德怀尔指出企业应该不惧怕联系其上司，其通常在金融业监管局办公室而不在现场，并告知其所发生的事情。

德怀尔认为金融业监管局检查员很有可能会比证券交易委员会检查员缺乏经验，因为证券交易委员会检查员的职位比金融监督管理局检查员的更具声望。企业可能会面对一个经验非常不足的金融业监管局检查员，例如一个刚毕业的大学生，虽然聪明但是缺乏行业经验。①这种情况下，德怀尔建议企业多用些时间，以简单易懂的方式向他们解释相关问题，比如说汇报交易。在类似情形下，对检查者保持耐心非常重要，不要表现得惹人厌的样子或者仿佛认为检查员正在浪费企业的时间。

德怀尔指出在检查进行中多和金融业监管局检查员沟通的好处之

---

① 虽然这种情形也可能发生于 SEC 检查人员，但是金融业监管局检查出现的概率更高一些。

一是他们可能会透露他们在退出会议前正在审查的潜在缺陷的正面信息。这样企业就有机会在问题加剧之前进行补救。他建议企业联系人与检查员讨论潜在的发现结果，甚至如果需要的话，再邀请一位所涉主题的专家加入讨论。企业应该在挑战检查员，试图说服对方他们最初的印象判断可能有误之前应该做足功课。

德怀尔给出了一个案例，金融业监管局在一次有关适宜性销售的检查中发现的潜在问题。适宜性是众所周知难以证明的一种违规，因为适宜性规则相当模糊，因此他建议企业抗议这类检查发现。德怀尔提议，在此类情形下，如果企业强烈认为检查员错了，可以考虑整合所有的研究和信息，然后在实地考察期间联系金融业监管局办公室工作的主管。在这件事情上，甚至可以叫上企业的高级管理人员和总法律顾问也是值得的。

即使实地考察已经收尾，也不应该认为检查也结束了。监管人员经常会将文件带回办公室，进行进一步的研究和分析。并且在实地考察结束后，企业有可能会收到索要额外信息的请求。

5.7　金融业监管局检查的结束

金融业监管局检查结束的方式有四种：

- 不必采取进一步措施：没有发现任何违规。这种一般很少见。
- 警告措施：这是最常见的处理方式。这种情况下，企业通常有30～60天的时间按照金融业监管局要求作出相应改变。德怀尔认为，在企业的下次每年一度的3120规则年检时，要重新检测警告措施中涉及的任意事项，确保矫正缺陷。
- 合规会议：这意味着金融业监管局质疑企业整体合规性和监管结构，或者关键业务经营领域存在严重问题。尽管这是一项非正式行动并且不应对外公布，但是仍是一项非常严肃的事情。德怀尔指出，金融业监管局检查的这种结果越来越少见，一般只会当企业因为同样的问题收到多次警告并且金融业监管局认为企业并没有认真对待时，才会采取这样的措施。如果发生了这种情况，那么下一次检查很有可能会更为严格。

● 执法交付：最后一种处理方式，检查员会告诉企业"我们已经将问题交付给执法部门处理"。这种情况下，需要立即雇用法律顾问，所雇用的顾问应该十分熟悉金融业监管局及其运行方式。德怀尔指出即使好企业也会被金融业监管局罚款。他解释道，例如很多反洗钱违规都会造成执法交付。除此之外，在交易与做市检查（TMMS）中，交易报告错误也会造成执法交付。

德怀尔指出，有时只有部分检查者的发现被交付给执法部门，而剩下的则通过修改通知书解决。他解释道，还有可能会出现检查的最终判定被延迟的情况，比如说有一次金融业监管局在三月结束了实地考察但是6个多月后，仍未给出最后的处理方案。他也指出，金融业监管局一般会争取在实地考察结束后的90～180天内给出结论，但不一定每次都会成功。

5.8 辅导金融业监管局检查员

如上文讨论过的，金融业监管局检查相较于证券交易委员会检查可能会范围更广，较为简单，而企业也应该做好相应的准备。金融业监管局检查员会尽力覆盖所有要求他们检查的项目，尤其致力于当年金融业监管局的关注重点。虽然难以避免出现一些技术缺陷或是错误，但是企业要在检查员试图了解企业的业务和行业时准备好辅导它们并且保持耐心。大部分情况下，类似于经纪商、交易商这样的企业只要政策和程序到位、跟上实际变化，并且遵守使用的法规和指南，一般都可以避免出现严重问题或是被交付执法部门处理。如果金融业监管局检查员在企业联系人试图向他们解释实际情况后仍然坚持认为某项事务存在违规，则企业可以雇用一名金融业监管局合规顾问并向更高级别的金融业监管局职员进行反映。但是在大部分像常规检查的情况下，最好还是接受提出的小问题，及时恰当地采取补救措施，从检查中汲取教训继续发展。

第六章　如何应对国家期货协会的检查

国家期货协会（NFA）是美国政府的一个独立机构，负责监管期货、期权市场并且执行商品交易法（CEA），美国法典第7卷第一章及以下部分，禁止期货交易合同中的欺诈行为。除少数例外，所有希望以期货专业身份做业务的个人或企业都必须依据商品交易法案注册执业。

除此之外，与公众开展期货相关业务的个人和企业必须向国家期货协会，美国期货行业的自律组织，申请会员资格。国家期货协会声明其"每天都努力维护市场的完整，保护投资者并帮助会员达到他们应负的监管责任"。①

6.1　国家期货协会管辖下的实体类型

有很多不同类型的实体在商品交易法的管制下并且需要在国家期货协会注册。这些实体包括：

● 期货佣金商（FCMs），定义为同时存在以下两种行为的个人或企业：

◇ 征求或者接受买卖期货合同的指令、基于期货的期权、零售场外外汇合同或者掉期交易。

◇ 为执行该类指令而接受客户的款项或者其他资产。②

● 互换交易商，定义为任何在掉期交易中承担交易商角色的个人

① http：//www. nfa. futures. org/index. asp.

② http：//wwwnfa. futures. org/NFA－registration/fcm/index. HTML.

（即他们已经做好准备进入到掉期交易）：

　　◇ 通过掉期做市；

　　◇ 经常和对手方一起参与掉期交易；或者

　　◇ 参与任何导致被认定是掉期中的交易商或做市商的活动，琐事例外。①

　　● 掉期主要参与者，定义为满足下列任意条件的任何人：

　　◇ 如果在任何主要交易类型中都持有"大量头寸"，包括为了对冲或减少风险而持有的头寸以及因为意在对冲或减少风险的特定员工福利计划而持有的头寸；

　　◇ 如果掉期交易造成"严重的交易对手风险"而有可能威胁到美国银行系统或金融市场的稳定；

　　◇ 如果实体基于所持资本量而进行高杠杆，并且不受制于联邦银行机构的资本要求。②

　　● 零售外汇交易商（"RFED"），定义为担当或提出担当与非合格合同参与者进行的场外外汇交易的个人或组织，而该交易为以下两种之一：

　　◇ 一个期货合同、基于期货合同的期权、或者一个期权合同（基于证券交易的期权除外）；或

　　◇ 提出或已经参与，以杠杆或保证金为基础，或由要约人、对手方、以相似基础与要约人或对手方一致的其他人提供资金支持。③

　　● 介绍经纪人（"IB"），定义为开发或接受指令买卖期货合同、基于期货的期权、零售场外外汇合同或掉期，但是不接收客户资金或其他资产来实现指令的个人或机构。④

---

① http：//www.cftclaw.com/2012/04/cftc－approves－rule－defining－swap－dealer/.

② 同上。

③ http：//www.nfa.futures.org/NFA－registration/rfed/index.HTML.

④ http：//www.nfa.futures.org/NFA－registration/ib/index.HTML.

- 商品基金经理（"CPO"），定义为负责商品基金运营和募集的个人或机构。商品基金是一家企业，将数个不同投资者的资金集中起来，用于交易期货合同、基于期货的期权、零售场外外汇合同或掉期，或者投资另外一家商品基金。[1]

- 商品交易顾问（"CTA"），定义为向投资者提供有关期货合同、基于期货的期权、零售场外外汇合同或掉期买卖价值及是否进行交易的建议而获取佣金或利润的个人或机构。所提供建议包括基于客户的账户代替客户进行交易以及基于专业知识或特别适应于一个顾客的特殊商品利益账户，特别商品利益交易活动或其他相似类型信息的建议。[2]

除此之外，关联人（"APs"），指代表期货佣金商、零售外汇交易商、介绍经纪人、商品交易顾问和商品基金经理征求指令、顾客或客户基金；注册企业负责人；场内经纪人和场内交易商，也必须满足特定的注册规定。[3]

6.2　《多德—弗兰克法案》的影响

《多德—弗兰克法案》对于以上需要进行国家期货协会注册的多数实体带来深刻影响。该法案扩大了商品期货交易委员会的管辖范畴，将原先出于登记目的委托给国家期货协会管理的广义场外交易（OTC）衍生品（掉期）市场交付给了CFTC。2012年2月，商品期货交易委员会出台的最终规定废除了很多对冲基金和私募基金经理所依赖的商品基金经理豁免注册（规定4.13（a）（4））（即"成熟投资者"豁免）。[4] 另外，商品期货交易委员会规定也限制商品交易顾问的豁免注册。

---

① http：//www.nfa.futures.org/NFA - registration/cpo/index.HTML.

② http：//www.nfa.futures.org/NFA - registration/cta/index.HTML.

③ http：//www.nfa.futures.org/NFA - registration/index.HTML.

④ http：//www.cftc.gov/ucm/groups/public/@newsroom/documents/file/federalregister020912b.pdf.

6.3 国家期货协会的检查过程

国家期货协会力求在企业成为会员一年内对该企业展开检查，并需要对持有客户资金的期货佣金商和零售外汇交易商每年都进行检查。黛博拉·蒙森是 Ropes & Gray 律师事务所的合伙人及一位公认的国家期货协会检查专家，她认为，由于《多德—弗兰克法案》扩大了商品期货交易委员会和国家期货协会的管辖范围，国家期货协会对新成员开展的常规检查或许会从原先的注册日起 12 个月内变为 12~24 个月。蒙森本科毕业于普林斯顿大学，从密歇根大学法学院获得法学博士学位，专注于商品法、资产管理和私募投资基金的实践。她代表注册或豁免注册的商品基金经理和商品交易顾问已有将近 30 年，并且经常为共同基金、银行、保险公司、捐赠基金和基金会的提供与商品法相关事务的建议。

蒙森认为，在最初检查过后，国家期货协会会争取在三到五年内再进行一次检查。但是，国家期货协会将重点重新放在基于风险的分析，从而决定在任意时期检查某一家注册企业。蒙森指出国家期货协会过去传统审查的风险因素，例如客户投诉、审查网站时产生的担忧、宣传材料以及来自交易所和证券交易委员会的指引，现在有所增加。现在国家期货协会还会检查资产管理规模、杠杆系数、企业进行的投资类型以及业绩收益等。蒙森说一家企业的业绩过好或过差都可能会引起国家期货协会的注意。她还说国家期货协会也会浏览财务报表的补充说明以及能够提供有用信息的网站、行业报告和数据库。蒙森指出国家期货协会甚至会通过"谷歌搜索"寻找企业可能会发现风险因素的信息。

国家期货协会表示会每三到四年就会有意拜访一次商品基金经理、商品交易顾问和介绍经纪人，但是频率可能会基于其风险分析而变化。[①] 国家期货协会还宣布会在 2014 年夏天对掉期交易商和掉期主要

---

① 参见 http：//www.nfa.futures.org/NFA-faqs/compliance-faqs/examinations/index.HTML.

参与者进行调查，并且会着重审查企业首席合规官的地位与作用。[①] 国家期货协会表示会在发出最初通知 30 天后抵达企业现场，并且会在现场停留大致三个星期。[②] 国家期货协会还表示最初会着重调查美国的掉期交易商和掉期主要参与者。尽管承认对国外掉期交易商和掉期主要参与者展开实地考察时存在组织管理问题，国家期货协会表示在未来并不排除进行该类检查的可能性。[③]

国家期货协会正在开发针对掉期交易商和掉期主要参与者的监督程序，主要用于识别一个企业的重大变化，国家期货协会在努力了解这些新注册者。这种监督将会通过结合会议和审阅成员企业向商品期货交易委员会提交的报告而实现。国家期货协会计划与首席合规总监相见，后者可以视情况介入他人。国家期货协会会将从监督程序获取的信息用于安排优先检查重点并进行特殊询问或调查。

6.4　如何准备接受国家期货协会的检查

蒙森解释道，在准备面对国家期货协会检查时，应该从国家期货协会的自查清单开始，可以在国家期货协会网站获取。[④] 企业被要求填写清单，而国家期货协会在到达企业准备开始检查时会向企业索要填好的清单。蒙森指出，这份清单不仅与国家期货协会规定相关，还关系到其最优方案，并且向企业表明了国家期货协会到达企业后期望看到些什么。蒙森指出出于谨慎企业应当让顾问复审填写完毕的清单，因为一些问题的适用性并不完全清楚，而国家期货协会会在检查过程中仔细审阅这张清单。

---

① 参见 http：//www. nfa. futures. org/NFA － compliance/NFA － education － training/NFA － pod-casts/TranscriptSDExaminationTeleconference. pdf.

② 同上。

③ 同上。

④ 参见 http：//www. nfa. futures. org/NFA － compliance/publication － library/self － exam － ques-tionnaire. HTML.

蒙森还认为企业在国家期货协会到来之前进行模拟检查很常见，并指出可以采取两种不同方法准备面对国家期货协会检查。第一种是聘请外部合规顾问或者法律事务所进行一场全面彻底的模拟审计。如果企业管理层有合理理由认为可能存在不合规的缺陷和领域，这将是种理想的方法。根据蒙森的说法，第二种是利用国家期货协会为其调查收集信息而发往企业的预审评估表，例如员工的责任和相关责任说明，他们的资格，以及企业的客户群、服务提供者、内部政策、程序和组织结构图等信息。通过预审评估表，企业可以预料到国家期货协会检查的一些方面并基于这些信息开展一个"内部审计预演"。

蒙森解释道，常规检查用时长短取决于企业如何回答预审核对表。根据蒙森说法，现场调查的时间长短则会因企业的复杂程度而有所变化，从几天到几周。蒙森指出，通常国家期货协会会派出三到五位检查员。在实地考察后，国家期货协会检查员会返回办公室，继续研究他们从企业获取的材料。国家期货协会有 5 个月的时间撰写报告。

6.5　国家期货协会检查的时间长短和开展方式

至于国家期货协会如何进行检查，蒙森表示国家期货协会检查员会遵从一定的模板，几乎肯定会进行一些特定领域的检查，比如：（1）企业和负责人登记情况，检查企业以及企业 ADV 登记表列为负责人的个人是否已按规定注册；（2）关联人，检查他们是否已按规定注册；（3）分公司；（4）宣传材料；（5）监管政策和程序；（6）交易和分配政策；（7）财务报告和记录；（8）企业文件；（9）道德培训过程和完成证明。

蒙森解释道，国家期货协会通常会以一次开场面谈开始其调查，给企业准备一个开场展示的机会，展示其历史、描述其业务，还有同样重要的其不涉及的业务。企业应该指定一名联系人，负责在整个调查过程中回答问题和提供信息。国家期货协会一般会通过电子邮件将不断出现的问题和请求发给联系人。它还会要求采访员工,而联系人则应当管理这件事情并决定可采访的范围。

蒙森建议企业尽快回复国家期货协会检查员的请求,因为后者等待信息的时间越长,他们就会有越多的机会思考新的要求的事情。蒙森进一步建议,如果企业没有所需信息,最好坦率一些,直接告诉国家期货协会:"我们现在无法回答,但我们马上着手想办法。"当向国家期货协会检查员提供信息或文件时,她解释说企业可以提及对所提供信息和文件的解决思想或顾虑。蒙森指出,国家期货协会检查员不同于证券交易委员会检查员,他们在检查中不断了解企业的同时会常常提出问题。这些讨论给了企业机会去解释为什么自己的行为是可能是合法的和在管制下的。蒙森解释道,另外,如果合适的话,企业可以向国家期货协会检查员承认某事做得并不妥当,但是并非故意而且是独立事件;同时也可以解释自己采取了什么措施避免问题再次发生。这种情况下,企业可以在问题被视作缺陷并在结束检查谈话时被提及前解决。

考虑到企业在国家期货协会检查的过程中处理问题的能力,或许咨询一下外部顾问是个明智的选择,以便在和国家期货协会检查员讨论时协助自己。蒙森解释道,根据当时情况,外部顾问最好保持在幕后而不要和检查员直接面对,只负责给企业联系人提供指导和信息。

蒙森还建议企业要坚守自己的立场,但是要避免和国家期货协会检查员发生冲突。在向检查人员提供文件时,企业可以在电子邮件中附上对文件的解释以及对国家期货协会指出的问题的看法。蒙森多次指出,这些解释性电子邮件都是由外部顾问编写而成。她还指出,她发现国家期货协会检查员一般愿意听取企业提供的解释,并且努力站在企业的角度看问题。

蒙森描述了一些需要遵守国家期货协会规定的企业常犯的错误,从而导致在国家期货协会检查中出现问题。一个典型例子如,国家期货协会的 1101 规定，禁止国家期货协会成员与绝大部分需要在商品期货交易委员会注册的非成员做生意，例如期货佣金商、介绍经纪人、商品交易顾问和商品基金经理。① 蒙森指出，国家期货协会还要求企业进行尽职调查确认自己是否在和本应是国家期货协会成员但实际上却不是的实体进行交易。企业还被要求记录他们的审查和尽职调查。另一个例子如关于道德培训的话题。蒙森解释道，国家期货协会要求任何注册为关联人的人接受初级道德培训及后续定期指定主题的道德培训。根据蒙森的看法，道德培训是一个领域，国家期货协会很有可能在检查时仔细检查道德培训。国家期货协会会要求企业提供组织结构图并与注册记录进行对比，确保已经落实所有应该进行的培训。蒙森还提到国家期货协会针对宣传有特别的规定，包括每一份宣传材料都必须由一名主管进行书面许可且该主管不能同时是准备材料的人。国家期货协会将会在检查中询问有关这一部分合规情况的书面记录。

6.6　国家期货协会检查的结束

蒙森描述了以下几种国家期货协会检查的可能结果：（1）一封通告书，表示检查已经完成并没有发现缺陷；（2）缺陷通告书；（3）通知交付国家期货协会执法部门。蒙森表示国家期货协会调查最后出现"无发现"要比证券交易委员会的检查相对常见一些。缺陷通告书会包括调查结果总结及潜在监管或内控弱点。企业会在国家期货协会检查结束时收到通知书。蒙森解释道，一旦国家期货协会发出缺陷通知书，企业一般会有 10 个工作日的时间回复。根据蒙森的说法，这个时间表很难把握，因为企业的回复需要包括所采取的弥补缺陷的措施及辅证材料。譬如，蒙森解释道，若国家期货协会下结论认为企业的促销宣传材料有误导性，企业必须修正所有材料并表明他们在 10 个工作日内改

① 参见 http：//www. 国家期货协会. futures. org/国家期货协会－faqs/compliance－faqs/bylaw－1101/index. HTML.

正了自己的流程及步骤。这也是为什么企业应尽早和国家期货协会交流的另一个原因，这样企业可以更好地判断缺陷通告书里面可能会出现的内容。

蒙森解释道，如果企业仍然认为国家期货协会的结论有错误，他们即使在国家期货协会发出缺陷通告书后也可以继续坚持自己的立场。对于企业来讲，选择纠正国家期货协会指出的缺陷或者是试图改变国家期货协会的想法，这是个成本效益分析问题。蒙森表示虽然并不常有，但是自己也见过企业回复国家期货协会缺陷通告书时试图反驳对方的调查结果；她也见过这样的例子，甚至在已经发出缺陷通告书后企业不断坚持其立场，国家期货协会最终同意以企业满意的方式解决问题。

蒙森进一步建议，如果企业决定纠正缺陷通告书中提到的问题并在回复中时提供证明，则他们还应该跟进国家期货协会确认接受了企业的回复并表示满意。缺陷通告书将会是国家期货协会在进行下一次企业检查时主要考虑的因素之一，根据蒙森的意见，企业应该复查通知书已确认在下次检查之前没有遗留问题需要解决。蒙森提议，如果国家期货协会在下次调查中发现与缺陷通告书包括内容相似的问题，则国家期货协会更可能会将这第二次的违规交付给执法部门解决。

6.7　商品期货交易委员会的检查

蒙森指出商品期货交易委员会也会进行检查，只是没有国家期货协会那样频繁。根据蒙森的经验，商品期货交易委员会的检查与国家期货协会的检查有很大不同。蒙森根据自己的经验而谈，商品期货交易委员会检查员偶尔会以书面信息交流的背景下与企业代表进行短时间的会谈。在极其罕见的情形下，如果企业出现严重违规现象或客户资金可能受到危机，商品期货交易委员会可能会参与其中，商品期货交易委员会会同司法部甚至联邦调查局一起接管企业，就像 MF Global 案例一样。[1]

蒙森建议那些已经习惯证券交易委员会检查但是现在被重新分配到商品期货交易委员会和国家期货协会管辖范围内的企业不应仅是将其证券交易委员会材料进行重新整理以满足国家期货协会监督。她强调说商品期货交易委员会/国家期货协会规定不同于证券交易委员会规定。国家期货协会的检查重点是独特的，因而企业应该小心谨慎，需要确保自己提供的各种文件材料是完全按照商品期货交易委员会/国家期货协会要求挑选的，从而应对国家期货协会的检查。

6.8　注重严格遵守规定

在应对国家期货协会和商品期货交易委员会调查时，企业需要确保自己符合所有的规定，哪怕是最小的细节。大体上来讲，企业需要意识到国家期货协会和商品期货交易委员会的调查重点，从而有机会在检查前就解决所有的合规问题。若希望满足国家期货协会和商品期货交易委员会检查员，对细节的关注是不可或缺的。因为不可能所有情况下都保证完美合规，所以倘若国家期货协会或商品期货交易委员会检查员发现一个缺陷，企业最好还是承认存在错误，正确地看待它们并确保在下一次检查前解决它们。

---

[1]　在第11章中，MF Global 在发现自己无法继续完成短期义务并且与商品期货交易委员会进行多次讨论和咨询后，于 2011 年 10 月 31 日自愿提出破产申请。

第七章　如何应对
证券交易委员会的执法

在某些情况下，一场艰苦检查后的不利结果不只带来缺陷通告书，还有可能导致被转交给监管机关的某个机构或部门，或在调查中发挥执法功能并采取执法行动的行业自律组织。接下来的四章将会阐述企业应该如何应付证券交易委员会、金融业监管局、商品期货交易委员会和国家期货协会进行的调查和采取的执法行动。

7.1　证券交易委员会的执法功能

证券交易委员会是一个执法机构，其执法部门发挥该职能，调查证券违法情况，建议证券交易委员会授权开展调查，然后在联邦法院或代表证券交易委员会在行政法法官前发起民事诉讼。证券交易委员会的执法部门还与其他执法机构相互配合，例如在违反证券法的刑事犯罪问题上与司法部合作。司法部可以自主地发起也可以通过证券交易委员会的转交起诉违反证券法的刑事犯罪行为。

证券交易委员会列出以下可能导致证券交易委员会调查的常见违法行为：

- 虚假陈述或遗漏对证券具有重要意义的信息；
- 操纵证券的市场价格；
- 盗取客户资金或证券；
- 违背经纪商和交易商公平对待客户的义务；
- 内部交易（基于非公开信息交易证券违背信托关系）；

● 出售未注册的证券。①

当采取民事诉讼行为时，证券交易委员会会向一个美国地区法院呈交诉状，并要求法院进行制裁或补救，例如颁布一项强制令，禁止进一步违背法律或证券交易委员会规定，进行民事罚款或归还非法利益（又称归入权）。法院也可以禁止或暂停个人担任公司高管或董事。

若是行政问题，则由一位任职于证券交易委员会的行政法法官听审。该法官负责主持聆讯并审查证券交易委员会执法人员提供的证据以及被告提交的一切证据。聆讯后，行政法法官会宣布一个最初决定，包括制裁措施的建议。执法人员和被告人都可以向全体委员会（即证券交易委员会主席和其他委员）上诉全部或部分最初决定。委员会可以维持法官的判决，撤销判决或要求发回重审。行政制裁包括永久的禁令，暂停或吊销经纪人、交易商和投资顾问注册身份，谴责，禁止进入证券行业，民事罚款和归还非法利益。

7.2　导致证券交易委员会执法的原因

布拉德利·J. 邦迪是华盛顿 Cahill Gordon & Reindel 律师事务所证券执法事务的合伙人和负责人，也是一位公认的证券交易委员会执法方面的专家。他曾经担任过两位证券交易委员会委员（特洛伊·帕雷德斯和保尔·阿特金斯）的顾问，以及金融危机调查委员会（"FCIC"）的副总法律顾问和助理总监。金融危机调查委员会是由国会设立的一个两党合作委员会，旨在调查金融危机的根源。邦迪指出以下活动都有可能会引起证券交易委员会展开调查和采取行动：

● 公司信息披露出现异常现象，例如突然宣布收益的非预期变化或终止长期合同，或者组织的管理层架构出现任何非正常变动或某位高级职员突然离职。

---

① 参见 http：//www. sec. gov/News/Article/Detail/Article/1356125787012#. VG4YJdhOW70.

- 可能出现的声称公司违反联邦证券法的股东诉讼。
- 举报人，或有人向证券交易委员会提供有关潜在违反证券法的信息。
- 公司自己向证券交易委员会揭露存在潜在违反联邦证券法的现象。
- 来自其他执法机构或监管者的信息，例如司法部、州级监管机关、州总检察长、其他监管机构如商品期货交易委员会或外国监管机构如英国严重欺诈办公室。

　　公司，管理者和董事都有可能面临刑事诉讼、证券交易委员会执法调查和采取措施以及其他州级或联邦政府机构和自律组织采取的额外措施。与证券交易委员会执法行为同时开展的刑事诉讼并不少见。除了同步调查及诉讼产生的组织管理问题，接受平行诉讼的企业还要面对额外的问题，即证券交易委员会将在执法调查中收集的信息提供给联邦和/或州级当局。

7.3　证券交易委员会执法行动的开端

　　证券交易委员会通常会以一次非正式质询作为开端展开执法调查，也被称作事件调查（"MUI"）。在这些非正式质询中，证券交易委员会并不具备传讯权利，因而任何文件的出现或者提供都是自愿的。执法成员可以结束该质询，该事件就此结束。面谈本质上是自愿的，但是一旦展开，则需进行宣誓以及将内容整理成文案。面谈时，证券交易委员会会向证人提供证券交易委员会1662表格，名为"自愿提供信息者的补充信息或直接提供信息"。① 除了其他事项外，该表也解释了证人必须提供真实信息并且他或她有权购买一份文字整理稿副本。非正式调查也会要求企业提供文件。大部分企业都会在非正式质询期间配合证券

---

① 关于 SEC 1662 表格，参见 http：//www.sec.gov/about/forms/sec1662.pdf.

交易委员会的工作并且会花时间进行自己的内部调查。邦迪建议企业像对待正式传讯一样严肃地对待证券交易委员会在非正式调查中提出的文件索要请求。邦迪认为公司一般应当积极响应以及配合证券交易委员会。与此同时，邦迪建议公司或许可以自己发起自己的调查，以便更好理解发生了什么问题，如果有的话，导致了证券交易委员会的调查。

在这个节骨眼，企业可能会希望尝试接触公司内部和外部的潜在证人，旨在完全了解证券交易委员会已经或将要收集的潜在证据。作为该过程的一部分，邦迪解释道，一定要注意理解和区分与企业利益一致的员工证人和那些自身暴露或负有责任的潜在证人，这一点很重要。邦迪强调，这一区别之所以重要是因为真正的公司证人通常也可以由代表公司的法律顾问代表。而另一方面，如果一位潜在证人看起来利益与公司相反，由于他们自身有可能被证券交易委员会指控，邦迪建议他们寻找自己的法律顾问。邦迪指出，公司及其法律顾问理所当然地试图引导或者帮助这些人找到自己的法律顾问。邦迪告诫说一定小心注意不去妨碍证券交易委员会调查。他解释说顾问会竭尽全力支持自己的客户，而这可能会包括提前接触公司证人、采访那些公司证人、获悉证人知道的信息、掌握事实情况，从而有能力为其客户进行辩护。邦迪还指出，不过法律顾问应注意不要越线，从辩护变成指导证人说什么而不是如何说，事实上阻碍了证券交易委员会调查。邦迪解释道一般的规则是法律顾问总是可以建议证人如何叙述事物，但永远不能告诉他们应该说些什么。

邦迪还提到近些年证券交易委员会未能发现出一些受到广泛关注的欺诈行为（包括伯纳德·麦道夫的 500 亿美元庞氏骗局）的后果之一，就是证券交易委员会执法人员在索要文件时会很全面彻底，他们要求企业提供的文件往往会远远多于他们当下想要或者需要的数量。由于这种做法，邦迪解释道，执法人员会相对坦率并一定程度上愿意协商索要文件范围，即使不缩小范围，至少会列出优先处理顺序。通过列出优先顺序，执法人员也会自我学习他们在调查中涉及的问题和事实，或许后来还会减少向企业索取的信息。

7.4 将质询变为正式调查

在质询结束时，证券交易委员会可以选择直接结束整个事件，也可以将其转变为一次正式调查。如果他们希望将其转变成正式调查，证券交易委员会执法人员需要向证券交易委员会提出申请，再由委员会宣布正式调查的命令。该过程始于执法成员先准备好行动备忘录，然后寄往委员会，请求下达正式的调查命令。正式命令包括对违反联邦证券法的描述并引用所涉及的法律法规内容，还会指派负责调查的证券交易委员会执法人员，而且他们有权传讯。不同于非正式的事件调查（MUI），只有证券交易委员会的高级别执法人员才能够结束一次正式调查。

7.5 证券交易委员会组织的证据显示

下达正式调查命令后，被告人经常会被传唤作证或提供文件。在收到传票后，被告人应该立刻采取措施保存任何潜在的回应文件。一定要完全服从证券交易委员会的传唤或者试着协商修改传唤内容，这点很重要。通常证券交易委员会执法人员会批准延长回复传票时间的请求。双方会同意以所谓地"滚动提供"方式进行，尤其当传票涉及内容很广时。在这种情况下，被告人可以随时间进展一组一组地提供材料。该方式让被告人有更多时间收集材料，也给执法人员审查文件提供了机会。被告人可以不提供保密文件，但通常会准备一份保密文件目录，其中会提供基于保密原因而未能提供给证券交易委员会的该类文件的某些特征。

证券交易委员会还会照例发出传票，要求相关人员出席作证。作证会大多会在证券交易委员会执法人员所在城市举行。被告人可以要求换一处更方便证人或辩护人的地点进行作证。邦迪称，如果被传唤的证人是被告企业员工，一般提供其一份按照证券交易委员会执法人员愿意在听证中所希望得到的讯问顺序表。他解释说公司在和执法人员协商讯问计划时通常有一定的商讨余地，但是这些讯问必须按照一定的顺序进行。邦迪解释说，证券交易委员会人员经常会争取某一特定证人的证词，通过提前听取其他证人的证词，试图为某一特殊的证词奠定基础。邦迪解释道，在这种情况下，公司或许在时间安排上有回旋余地，但是在讯问的顺序上没有选择。他还指出，被告人一般会收到讯问的提前通知，虽然可能只是针对于几周内的需要的证人。邦迪认为，大部分情况下，证券交易委员会认识到证人需要辩护律师协助准备，而这就意味着听证工作需要与辩护人协调安排。

证券交易委员会条例允许证人获取一份作证过程的文字整理稿，并有权要求支付少量证人费用和花销。证券交易委员会并不信任调查的"对象"或"目标"，因而被告人不会被特别告知他们在调查中扮演的角色。[①] 因此建议，最好在作证前，通过审查正式调查令以及其他从公司内部调查和准备中发掘的相关文件，帮助证人尽可能做好准备。如果证券交易委员会执法人员在作证过程中向证人出示一份文件，法律顾问要确保证人在回答任何问题前有充分的机会研究这份文件。

7.6　证券交易委员会执法的"威尔斯"过程（"WELLS" Process）

证券交易委员会执法人员进行调查后，他们会为给证券交易委员会准备一份关于采取执法行动的建议书。类似于请求下达正式调查命令，该建议书将会被包括在一份阐述实施情况、相关法条及解释证券交

---

① 通常，即使 SEC 没有直接表明，仍然很容易分辨出来 SEC 检查的对象或者目标。

易委员会对被告人的控告的行动备忘录里面。通常，在准备这份备忘录前，证券交易委员会会给被告人为自己辩护的机会，即著名的"威尔斯"[1]过程。这一过程开始于证券交易委员会会向被告人提供的一份"威尔斯"通知书，表明证券交易委员会有意建议委员会起诉被告人。"威尔斯"通知书或信经常会包含断言违反的法定条文，并且简单描述了声称的不当行为和正在寻求的解决方案。收到该通知书意味着触发了公开披露的义务（尤其对于上市公司和受管制的投资主体而言）。

接下来被告人将有机会申请用"威尔斯"申请（"Wells"submission）和/或要求举行"威尔斯"会议来回应证券交易委员会，在"威尔斯"会议中被告人或其法律顾问能够提供口头陈述辩称为什么他们认为不应指控被告人。申请"威尔斯"申请是有风险的，因为该申请在执法案中可被用作反对被告人的呈堂证供，也相当于提供给证券交易委员会一份被告人的预先辩护策略。证券交易委员会还可以与包括刑事局在内的其他监管机构分享该申请。在诉讼中，该申请还可能被私人当事方发现。

邦迪指出，虽然在有些情况下公司不应提交"威尔斯"申请，但这种事情很少见，并且这样做的公司自担风险。邦迪解释说，"威尔斯"过程意味着被告人有机会将其案子提交给证券交易委员会，而不申请"威尔斯"申请则相当于表示一个人承认不打算对指控进行辩护。邦迪进一步解释说那些最好不申请"威尔斯"申请的情况包括：被告人是个人而非企业，还存在其他各方试图对该个人采取行动，无论是刑事机关、其他民事监管机构、外国监管机构、外国执法机构或原告考虑进行集体诉讼及其他诉讼。

"威尔斯"申请可能同时包括事实论证和法律论证来支持被告方。进行事实论证时，一定要记住证券交易委员会可能获取被告人掌握以

---

① "威尔斯"过程，包括一份"威尔斯"通知和"威尔斯"申请或会议。名字来源于前 SEC 委员会主席约翰·威尔斯，因为他在 1972 年最先提出此过程的设想。

外的文件，因此，应该将论证限定在可以通过有形文件或证词支持的范围内。对于法律论证来说，被告人则有多一点的回旋余地，可以通过援引判例法让证券交易委员会认识到自己的法律立场。被告人还应该考虑包括向证券交易委员会解释以潜在减轻罪责的情况，让自己看起来更值得同情一些，或者还可以包括被告人可能已经采取的补救措施的证据。一定要记住"威尔斯"申请的受众既有执法人员也有委员会及其法律顾问，而他们可能并不是很了解事件的细枝末节。

　　大部分情况下，指控证券交易委员会执法人员在"威尔斯"申请过程中存在过失并不会有多大帮助，证券交易委员会并不会接受这样的指控，除非极端明显或可以容易地证明。

　　邦迪解释道，当谈到"威尔斯"申请时，最重要的是要理解你的受众是谁，而且要注意到每一个案子并不总是有相同的答案。例如，邦迪解释，有人或许希望撰写的申请强烈针对委员会成员及其法律顾问，而在其他例子中，有人则想使申请更多地针对于执法人员。当然也有希望两者兼顾的。邦迪解释道，"威尔斯"申请的关键在于诚信，明确指出一旦在提交中放入了任何信息，都要能够对该信息追根溯源。邦迪指出不能进行没有文件或证据支撑的陈述，否则就变成了纯粹的猜想。另外，邦迪强调还要注意不要过度吹嘘自己的立场，无论涉及事实还是法律。

　　邦迪进一步建议被告人在"威尔斯"申请中要明智地选择应诉点。他解释道被告人难免会有所疏忽或者犯错，而尝试辩解一切，甚至那些自己明显需要承担责任的情况，只会降低整个提交内容的信用水平。他还解释说被告人必须设计好问题，并指出在诉讼中，他总是发现都是问题设计最佳的那一方赢得了争论。他强调要向证券交易委员会提交设计好的问题，特别要认识到证券交易委员会委员们及其法律顾问都格外忙碌并且有可能是第一次收到这份"威尔斯"申请。邦迪指出，这些证券交易委员会委员并不像被告人及其法律顾问和执法人员一样熟悉事件情况，因此，邦迪建议被告人让提交申请尽可能地简单易读并且直接切入问题关键。邦迪表示，当自己还担任证券交易委员会委员的法律顾问时，过去经常在一个月内审阅50多份"威尔斯"申请。邦迪回忆说在证券交易委员会时审阅的一些申请在一定程度上十分复杂和难以理解，以至于当他读完后会非常挠头，然后困惑道："好吧，我完全不明白这个人到底在试图论证什么。"邦迪表示，照他看来在"威尔斯"申请中所犯的最大错误就是被告人试图将大量的信息放入申请中，并且会假设审阅者对该事件的背景十分了解。

"威尔斯"会议则让被告人有机会当面向证券交易委员会阐述自己的立场。被告人可以要求与各种级别的证券交易委员会人员进行多次会议，并且思考将问题升级并反映给一位更高级别的执法人员是否明智。备受关注的事件经常会出现这种情况。通常高级别官员会支持执法人员的决策，但是不排除新的参与者会对被告人论证作出不同反应的可能性。

7.7　证券交易委员会执法中的专家运用

邦迪还建议被告人考虑在执法过程的各个阶段中聘请专家来加强其为辩护所作的努力。邦迪指出，当涉及复杂的会计问题时专家尤其重要，即如果对于会计判断存在疑惑，专家或许可以发挥特别价值的作用。他还认为市场结构专家也会很有帮助。邦迪解释道确实存在两种类型专家：（1）协助管理层或审计委员会进行内部调查的专家；（2）被告人聘请来撰写和递交附在"威尔斯"申请或提交给法庭的专家报告的专家。邦迪表示，自己一般不会真将代表被告人递交专家报告的专家带到实际的"威尔斯"会议现场，而是让专家通过报告说明成为"威尔斯"申请的一部分。他解释说，让专家参与"威尔斯"会议没有什么明显好处，但是潜在的坏处就是提供给证券交易委员会执法人员进行交叉盘诘专家的机会。

我本人曾在证券交易委员会诉讼中担任过专家，因此我的一手经验告诉我专家的证词对被告人的案子是多么有用。经常，法律顾问的论证即便严谨缜密，仍会被法官或陪审团视作缺乏可信度，因为论证的源头来自于收费代表被告人的律师。如果被告人能够找到相关领域内一位德高望重的专家，能够提供有利于被告人案由的具有专家意见的法律论证，那么被告人的辩护将会变得更让人信服，这往往可以在法庭上占据上风，和证券交易委员会的讨论结果也大不相同。

7.8　和解协商

大部分证券交易委员会执法案例都是通过和解而不是上诉到法庭解决。和解协商通常开始于"威尔斯"过程中。大多数情况下，和解不能作为犯罪证据来采纳，尤其当和解内容中包含被告人不承认任何指控和责任的语句时。近年来，证券交易委员会逐渐开始试图要求被告人承认某些问题的责任，这会使被告人同意和解的决定复杂化。和解的优点是解决了宣传问题，而诉讼费用会非常高。一般和解讨论围绕被告人将会被认定违反的那项控诉展开，而被告人会试图避免欺诈指控，因为该指控具有连带影响。

邦迪解释道，对于一个具体的案子要基于事实来决定何时以及如何与证券交易委员会提出和解。他还指出也取决于自己在与什么样的证券交易委员会人员打交道，因为一些证券交易委员会人员会认为过早地试图与他们提出和解议题就像是"水中之血"那样明显。邦迪认为，有一点是明确的，那就是不能在证券交易委员会执法人员正在调查时提出和解建议。他认为，也不能在作证进行时或被告人正在提供传票索要的文件时提出和解，因为这样做会引起怀疑和不信任。但是如果看起来证券交易委员会人员已经结束调查并且有意达成和解时，邦迪建议可以考虑积极主动地告诉对方人员自己也有意愿达成潜在和解协议。

7.9 证券交易委员会执法的发展趋势

公司还应该知晓证券交易委员会执法的最近发展趋势，以便在面临这样的诉讼中更好地为自己辩护。邦迪指出证券交易委员会开始更多地运用行政诉讼，而不是在联邦法院中提出诉讼。

《多德—弗兰克法案》对《证券法》进行了修订，允许证券交易委员会在一名行政法法官在场的行政诉讼中对非管制人员或实体进行民事罚款。虽然证券交易委员会也一直进行行政诉讼，但是自从《多德—弗兰克法案》生效以来，证券交易委员会开始将行政诉讼运用于更多的案件，包括以前会带到联邦法院审理的内幕交易案件。有些人认为是近些年联邦法官对他们试图和被告人达成和解的反对导致证券交易委员会开始更多地使用行政诉讼。①

行政诉讼和联邦法院审理的具有某些关键的不同点。第一个重要的区别在于行政诉讼是有限度地显示证据——他们不需要陪审团审判，并且行政诉讼受证券交易委员会法规管辖而不是联邦民事诉讼规则管辖。第二个重要的区别在于处理案件的行政法法官是证券交易委员会的员工，而联邦法官独立于任何一方。虽然行政法法官独立于证券交易委员会其余部分，但他仍然是证券交易委员会的雇员。邦迪指出在行政诉讼中，被告人的证据显示被剥夺了。相应地，邦迪建议，如果你手上有一个看起来要向行政诉讼发展的规模大、证人多的案件，被告人的决律顾问需要尽快地开展"自我显示证据"。邦迪解释道，不像在联邦法院会进行包含证词在内的大范围证据显示，有足够时间来熟悉案件情况，在行政诉讼则中会极端限制证据显示，时间安排十分紧凑。因此，

---

① 最著名的联邦法庭回绝 SEC 和解案例之一，是在 2011 年 9 月，纽约州南部联邦地方法院的杰德·雷科夫（Jed Rakoff）法官拒绝与花旗银行达成和解的提议。该提议中，花旗银行因在房地产市场方面误导投资者而需支付 2.85 亿美元了结指控。有关雷科夫法官的观点，请参见 http://rrbd-law.com/images/RakoffSECCiti.pdf.

根据邦迪的意见，一定要尽早和内外部证人取得联系，积极构建事实记录，随时掌握案件情况。值得注意的是，证券交易委员会在着手行政诉讼前有足够多的时间，往往是很多年，来传唤信息和证词以构建事实记录，因此在行政诉讼中只能是有限地显示证据和紧张截止日期安排，这些对政府明显有利。

邦迪还指出修订过的证券交易委员会举报者计划提升了个人激励幅度，会有更多人进行投诉和检举。邦迪预计证券交易委员会最近慷慨的奖励机制会吸引更多的新举报人，而这将会在接下来的数年里给企业带来深远影响。

最后，邦迪提到了证券交易委员会执法人员最近更加积极地使用上面提到的"承认"。邦迪解释道，证券交易委员会执法早期阶段，规范做法是允许企业在没有承认或否认罪行的前提下和解。根据邦迪的观点，这个规范做法很重要，因为该做法允许企业和证券交易委员会达成和解而不用担心他们的承认被用于民事诉讼和其他并行的刑事诉讼等负面影响。但是自 2013 年 6 月起，证券交易委员会主席玛丽·乔·怀特（Mary Jo White）宣布证券交易委员会执法政策有所变化，以下情形发生时证券交易委员会将会要求被告人对其行为承认责任：（1）不当行为给很多投资者的利益造成伤害，或是给投资者和市场造成潜在的严重损害，置市场于危险之中；（2）恶劣蓄意的不当行为；（3）被告人非法妨碍委员会的调查过程。新政策之前，证券交易委员会仅当被告人在平行刑事诉讼中承认罪状或进入到暂缓起诉或不起诉协议时要求承认责任。

邦迪解释认为，这些新的有关承认责任的证券交易委员会的执法政策具有两方面意义。第一，根据邦迪观点，这会让一些公司更难达成和解，尤其当承认责任可能带来额外后果时。例如国防承包商，如果承认存在欺诈行为，则将会被禁止参与任何未来的政府合同。第二，邦迪见证过证券交易委员会执法人员故意或无意地利用承认责任在协商解决诉讼时要求更高的罚款。邦迪解释说如果被告人担心证券交易委员会执法人员会寻求他们承认责任，这些公司可能宁愿承担更高的罚款金额达成和解。邦迪说，证券交易委员会执法人员有时会以如下方法开始和解谈判："我们愿意解决这个案子。我们还没有决定我们是否会寻求承认责任。我们在考虑推荐如果我们希望以承担责任结案，但是我们希望现在就和解，你们愿意付多少钱？"根据邦迪的意见，言外之意就是如果被告人愿意支付一大笔罚款来解决问题，那么证券交易委员会将不会要求一份责任承认书。

部分原因是因为被指责未能更强有力地追究那些可能造成了金融危机的肇事者，以及未能发现例如伯纳德·麦道夫 500 亿美元庞氏骗局等欺诈事件的失职，近些年的证券交易委员会执法部门开始利用新型手段，如行政诉讼和要求承认责任，来增加应对被告人的筹码并对证券法的违规者展开更为积极的追究。结果就是在这些案件中为自己辩护变得更加困难。因此，公司在一获悉证券交易委员会执法部门要进行调查的时候就应该积极地采取行动。他们需要自己开展内部调查，尽可能全面地了解政府可能会审查的地方，以此为基础设计可能的对策。

如果证券交易委员会寻求显示证据，无论是非正式的还是正式的，公司都应配合，但是也要确保有足够的时间恰当地准备他们的证人。公司应该采取必要步骤和时间来审查、评估和整理需要提交给证券交易委员会的文件，从而完全了解交给政府的东西会产生的后果。被告人应该试图积极和巧妙地运用"威尔斯"程序来推进自己的抗辩。他们需要考虑展示的受众，聘请资深证券交易委员会法律顾问，尤其是那些熟悉负责这个案件的证券交易委员会执法律师的顾问，并视情况取得专家的协助。如果要进行正式行动，被告人应该一方面追求和解另一方面积极准备进入审讯。如果这个案子被带到陪审团面前，聘请一位专家将会很有作用，因为可以帮助实施描述，从而让陪审团明白为何政府立场并不一定是正确的。如果案件是交由一名行政法法官处理，专家则可以发挥更专业的作用，因为行政法法官将拥有充分的与证券相关经验，从而专家有能力维护一个对被告人立场更为复杂的看法。

7.10　降低证券交易委员会执法案件中的公开程度

当一家公司面对证券交易委员会执法行动时，后果可能会很严重可怕。需要处理的问题可能会十分复杂，而一个细节或许就可以决定公司是否可以胜诉。采取不同的途径取决于案子是交给了联邦法院还是行政法法官处理。诉讼辩护成本很高，同时也会很可能有机会协议和解。公司应该谨慎衡量拒绝可能的和解而继续诉讼审讯的风险。

在我看来，相比其他情况，当面对这种类型的行动辩护时，聘请知识渊博、熟悉证券交易委员会的有经验的法律顾问代表企业进行诉讼是非常关键的。如果决定在法庭受审，需要花费必要的资源，包括雇用多名专家作证，确保自己有最好的辩护。证券交易委员会执法律师可能会很有攻击性，同时又有由多名成员组成的团队多年研究该问题来准备推进这个案件。如果公司有经验丰富的团队协助，具备可以与证券交易委员会的努力和精力媲美的资源和时间，则将会大大增加胜诉或是达成有利于自己的和解的可能性。

第八章　如何应对
金融业监管局（FINRA）的执法

当一家企业成为金融业监管局的成员时，就意味着同意遵守证券行业的法律法规以及接受金融业监管局的管辖。金融业监管局条例规定，企业和相关人员有义务配合金融业监管局人员所开展的调查。金融业监管局的 8210 规则要求金融业监管局成员、成员的关系人以及其他任何受金融业监管局管辖的其他人应金融业监管局的要求可以以口述、文字或者电子文件提供信息，他们还需要在宣誓、或法院书记官或公证人在场的情况下，于金融业监管局人员指定的地点作证，作证内容涉及任何与金融业监管局调查、投诉、检查或诉讼相关的事情。[①] 8210 规则还允许金融业监管局人员审查和拷贝金融业监管局成员的账簿、记录和账户。

金融业监管局针对那些被指控违反金融业监管局规定和联邦证券法的成员及相关人进行的纪律惩罚通过纪律听证诉讼实现。[②] 惩罚过程开始于向金融业监管局的听证官员办公室提出投诉。

除此惩罚过程之外，受侵害的投资人还可以通过金融业监管局的仲裁程序要求金融业监管局成员赔偿。如果投资人在与金融业监管局成员的仲裁中胜诉，该企业必须赔付投资人的损失。几乎所有投资人对经纪商的控诉都是通过金融业监管局仲裁解决，因为金融业监管局要

---

① 金融业监管局 8210 规则的全文请参见 http：//金融业监管局．complinet．com/en/display/display_main．html？rbid＝2403&element_id＝3883.

② 参见如上。

求客户/经纪商合同包括"强制性仲裁条款"。①

8.1　金融业监管局的纪律处罚行动

2014 年，金融业监管局对注册了的个人和企业发起了 1397 起纪律处罚，征收了超过 1.34 亿美元的罚款。② 同年金融业监管局还将 700 多起欺诈和内部交易案件转交给证券交易委员会等其他监管机构提出起诉或进行追究。③

理查德·罗斯（Richard A. Roth），罗斯律师事务所的创始人和合伙人，同时还是一名公认的金融业监管局执法诉讼专家，还担任金融业监管局的仲裁员。他因丰富的诉讼和仲裁成功事例以及多年来他接到的多个诉讼裁定和判决而闻名。他指出金融业监管局可以采取很多种不同的行为。罗斯提供了以下一些近期金融业监管局纪律处罚诉讼案例：（1）控告经纪商违反了金融业监管局 3270 规则，该规则要求每一位证券经纪人的注册代表提供证券经纪人所有外部商业活动的年度预先书面通知；（2）指控经纪商与客户进行远离其受雇企业的交易，即所谓的"飞单"（由另一个经纪人执行交易）；（3）客户仲裁问题，例如合适性（金融业监管局质疑给散户投资者推荐复杂产品是否合适），过度交易（经纪商或财务顾问为了增加自己的佣金而大量买进卖出客户证券）和/或经纪商违背对于他们客户的诚信义务。

对金融业监管局公共纪律处罚行动数据库的回顾揭示了金融业监管局在过去的几年间执法诉讼进行纪律处罚的另外一些领域：

• 住房贷款抵押证券（"RMBS"）和商业房地产抵押贷款支持证券（"CMBS"）。金融业监管局对次级住房贷款抵押证券发行者的信息

---

① 更多关于金融业监管局仲裁过程的细节，请参见网站 http：//www. 金融业监管局 . org/ArbitrationAndMediation/index. htm.

② 参见 http：//www. 金融业监管局 . org/About 金融业监管局/WhatWeDo/.

③ 参见 http：//www. 金融业监管局 . org/About 金融业监管局/.

披露采取了行动，要求披露类似在发行住房贷款抵押证券时提供给投资者的历史绩效信息那样的包含次级抵押贷款证券化的历史表现信息。例如，金融业监管局向花旗环球金融有限公司征收 350 万美元罚款，因为他们提供了不准确的住房贷款绩效信息、监管失职和其他有关次级住房贷款抵押证券的违规行为。①

• 抵押担保债券（"CMOs"）和担保债务凭证（"CDOs"）。金融业监管局已经对进行抵押担保债券、担保债务凭证欺诈销售以及该领域监管失职的企业发起多次处罚行动。例如，一个金融业监管局听证小组判定 Brookstone 证券公司以及该企业的所有者/CEO 和该企业的一位经纪商向没有相关知识、年长、退休的投资者兜售具有欺诈性的抵押担保债券。金融业监管局向其收取 100 万美元罚款并命令该企业向客户支付超过 160 万美元的赔偿。金融业监管局还禁止 Brookstone 所有者和经纪商涉足证券行业并禁止该企业的前任首席合规官以后担任监管者或代理人，两年内不允许从事任何相关事务并支付 25000 美元的罚款。② 金融业监管局还处罚了 Guggenheim 证券有限责任公司 80 万美元，因为该企业未能发现两名担保债务凭证交易员试图隐藏一次交易损失的行为，并且制裁了这两名交易员。③

• 非交易的房地产投资信托基金（"REITs"）。金融业监管局发布了一个投资者警示，名为"公共非交易 REITs——进行投资前请先仔细审查"④。在进行过一次执法诉讼后，金融业监管局命令 David Lerner 伙伴公司赔偿受损客户大约 1200 万美元。这些客户购买了 Apple REIT Ten 基金份额，是该公司销售的 20 亿美元非交易的房地产投资信托基金并且还被收取了过高的加价。⑤

---

① 参见 http：//www. 金融业监管局 . org/Newsroom/NewsReleases/2012/P126482.
② 参见 http：//www. 金融业监管局 . org/Newsroom/NewsReleases/2012/P126718.
③ 参见 http：//www. 金融业监管局 . org/Newsroom/NewsReleases/2012/P187302.
④ 参见 http：//www. 金融业监管局 . org/Newsroom/NewsReleases/2011/P124582.
⑤ 参见 http：//www. 金融业监管局 . org/Newsroom/NewsReleases/2011/P123738.

● 交易型开放式产品（"ETPs"）。金融业监管局上诉了很多销售杠杆和逆向交易型开放式指数基金（"ETFs"）的公司，包括对花旗环球金融有限公司、摩根斯坦利有限责任公司、瑞银金融服务和富国咨询的处罚，估计罚款总额达 910 万美元，处罚原因是在没有适当监管下销售杠杆和逆向 ETFs 和缺乏合理理由推荐证券。这些企业被罚了 730 多万美元，并被要求赔偿一些采取了不适当的杠杆和逆向 ETF 购买决策的客户一共 180 万美元。① 金融业监管局还命令 J. P. Turner 有限责任公司因销售不合适的杠杆和逆向 ETF 以及过度的共同基金转换向 84 位客户赔偿 707559 美元。② 金融业监管局还向另外两家公司采取了执法行动，收取了大量罚款，并要求因杠杆和逆向 ETF 销售和非交易 REIT 的监管失职而向客户进行赔偿。③

● 过度集中于复杂产品。金融业监管局因为复杂产品的销售而要求数家企业支付罚款和赔偿，着重关注于监管失灵。例如，金融业监管局处罚了 LPL Financial 有限责任公司 95 万美元，原因在于其在另类投资产品、石油天然气合作关系、商业发展公司（"BDCs"）、对冲基金、管理型期货和其他非流动性转手投资销售中存在监管不足。④ 金融业监管局还处罚富国银行和美国银行共 215 万美元，并要求它们再赔偿客户300 多万美元，弥补他们因不合适的销售浮动利率银行贷款基金而受到的损失。⑤ 金融业监管局罚款摩根斯坦利 60 万美元，因其缺乏合理的监管体系和程序，以通知监管者结构性产品购买是否符合企业有关集中度（投资规模相较于客户的流动净值）和最低净值的内部规定。⑥ 同时也处罚了美林证券 100 万美元，因其缺乏合理的监管系统，没能自动

---

① 参见 http：//www. 金融业监管局. org/Newsroom/NewsReleases/2012/P126123.

② 参见 http：//www. 金融业监管局. org/Newsroom/NewsReleases/2013/P397504.

③ 参见 http：//www. 金融业监管局. org/Newsroom/NewsReleases/2014/P412654 和 http：//www. 金融业监管局. org/Newsroom/NewsReleases/2014/P448889.

④ 参见 http：//www. 金融业监管局. org/Newsroom/NewsReleases/2014/P468052.

⑤ 参见 http：//www. 金融业监管局. org/Newsroom/NewsReleases/2013/P269883.

⑥ 参见 http：//disciplinaryactions. 金融业监管局. org/Search/ViewDocument/27988.

提示监管者客户账户中结构性产品潜在的不适当的集中程度。①

- 反洗钱（AML）合规。金融业监管局执法部门一直以来都很关注反洗钱合规失灵而采取行动，尤其像涉及分值股票的合规性时。例如，金融业监管局征收布朗兄弟哈里曼公司 800 万美元的罚款，因其存在重大的反洗钱合规失灵问题，除了其他相关违规行为，主要缺失完善的反洗钱程序来监控和发现可疑的分值股票交易。② 金融业监管局处罚了 COR 清算公司 100 万美元，原因在于多次违反反洗钱规定，财务汇报和监管义务等；③ 金融业监管局处罚 Oppenheimer 公司 1425000 美元，因其出售未注册分值股票和缺失发现汇报可疑低价股票交易的反洗钱合规程序；④ 金融业监管局还处罚了 Atlas One 金融公司，第一交易证券公司（Firstrade）和世界贸易金融公司 90 万美元，因为这些公司没有建立和实施完善的反洗钱程序以及其他监管体系来监控可疑交易。金融业监管局还对涉事的四名执行经理进行了罚款和停职。⑤

- 仲裁相关事务。金融业监管局还起诉审理了那些限制客户权利的企业，包括投诉 Charles Schwab 公司违反了金融业监管局规定，要求其客户在共同起诉该企业时的放弃自身权利；⑥ 对美林证券采取的行动则产生了 100 万美元的罚款，并发现该企业未能解决员工在留任奖金问题上产生的分歧。⑦

- 内部交易。金融业监管局会对重大非公开信息的非正当分享采取行动，包括处罚 J. P. 摩根证券的一名副总裁和 Meyers Associates 公司的一位前注册代表，结果是两人因不当分享至少 15 个待定的公司兼并

① 参见 http://www. 金融业监管局. org/Newsroom/NewsReleases/2013/P242318.
② 参见 http://www. 金融业监管局. org/Newsroom/NewsReleases/2014/P443442.
③ 参见 http://www. 金融业监管局. org/Newsroom/NewsReleases/2013/P408614.
④ 参见 http://www. 金融业监管局. org/Newsroom/NewsReleases/2013/P314981.
⑤ 参见 http://www. 金融业监管局. org/Newsroom/NewsReleases/2013/P256514.
⑥ 参见 http://www. 金融业监管局. org/Newsroom/NewsReleases/2012/P125517.
⑦ 参见 http://www. 金融业监管局. org/Newsroom/NewsReleases/2012/P125455.

和收购交易的信息而被禁止涉足证券行业。① 金融业监管局还会处罚披露疏忽以及对潜在内部交易的相关监管不足，例如对花旗环球金融公司采取的行动，最后处罚 72.5 万美元，并发现花旗未能在研究报告和研究分析员公开露面中披露某些利益冲突信息；② 针对高盛的诉讼产生 220 万美元的罚款，因其未能监管股票研究分析师和交易员以及客户的交流、没能充分监控到公开研究结果变化前的交易，对发现和避免分析师可能造成的信息泄露的监控不足。③

● 市政证券。金融业监管局已经多次因市政和国家债券发行支付的服务费用的相关问题而进行了审理。例如，金融业监管局罚款花旗、高盛、JP 摩根、美林证券和摩根斯坦利一共 448 万多美元，因为它们向加利福尼亚公共证券协会支付了款项，而这是一个进行游说的组织，要求它们归还该笔费用，而是作为谈判市政和国家债券发行项目的包销费用支出。倘若对发行者未能充分披露费用的本质，或是没有足够的系统和合理设计的书面监管流程来监控市政证券协会如何使用这些企业支付的资金，金融业监管局也会进行指控处罚。④

● 过度的加价或减价。金融业监管局已经多次因在公司债券交易中过度加价和减价而对投资公司采取行动，例如因在共 563 起交易中对客户进行过度加价/减价而起诉 StateTrust 投资公司，处以 104.5 万美元的罚款并且对企业首席交易员处以 6 个月的停职处罚。⑤ 另外，金融业监管局因在公司和政府债券交易中过度加价和减价及其他相关违反监管行为而处罚花旗国际 60 万美元并命令支付超过 64.8 万美元的赔偿和利息给 3600 多名客户。⑥

---

① 参见 http：//www. 金融业监管局. org/Newsroom/NewsReleases/2014/P412652.
② 参见 http：//www. finra. org/Newsroom/NewsReleases/2012/P125369.
③ 参见 http：//www. finra. org/Newsroom/NewsReleases/2012/P125974.
④ 参见 http：//www. finra. org/Newsroom/NewsReleases/2012/P197554.
⑤ 参见 http：//www. finra. org/Newsroom/NewsReleases/2013/P288973.
⑥ 参见 http：//www. finra. org/Newsroom/NewsReleases/2012/P125821.

● 电子邮件的保留。金融业监管局已经对多家公司因未能保留商业活动相关的电子邮件而进行了执法审理行动。这些行动就包括了对 Barclays Capital 公司的 375 万美元罚款，该公司因未能按照至少保留 10 年的规定留存电子记录、电子邮件以及即时消息而出现系统性失误;[①] 对 LPL Financial 有限责任公司处以 750 万美元罚款，因其发生了 35 次独立、严重的电子邮件系统性故障，并在金融业监管局调查公司电子邮件问题时提供严重虚伪陈述;[②] 以及对 ING 集团的 5 家附属机构征收 120 万美元的罚款，因其未能保留和审查的电子邮件多达上百万，从两个月到超过六年的都有。[③]

● 监管体系不足。金融业监管局因监管体系不完善造成的多种后果而对企业进行处罚。例如，美林证券因监管不足而向客户多收取了 3200 万美元的莫须有的费用[④]，以及未能提供一些要求的交易通知而被罚款 280 万美元;另外 5 家公司（LPL Financial 有限责任公司：40 万美元罚款;Scottrade 公司：5 万美元罚款;State Farm VP 管理公司：15.5 万美元罚款;T. Rowe Price 公司：4 万美元罚款以及德意志银行证券公司：12.5 万美元罚款）因其未能建立、维持和执行应有的监管体系和程序，以保证及时交付共同基金招股说明书。[⑤]

● 账簿和记录违规。金融业监管局因企业的账簿和记录的错误和缺乏透明度已立案数起。例如，金融业监管局经过调查执法审理了德意志银行证券公司，调查发现公司的账面反映其亏欠其附属企业 94 亿美元，但是无论企业还是金融业监管局检查员都无法确定究竟债务的哪一部分是因为客户借贷活动的增加，哪一部分是源于德意志银行自身

① 参见 http://www.finra.org/Newsroom/NewsReleases/2013/P412646.

② 参见 http://www.finra.org/Newsroom/NewsReleases/2013/P264524.

③ 参见 http://www.finra.org/Newsroom/NewsReleases/2013/P207604.

④ 参见 http://www.finra.org/Newsroom/NewsReleases/2012/P127129.

⑤ 参见 http://www.investorprotection.com/blog/2013/01/04/lpl-financial-fined-over-mutual-fund-issues/.

的自营交易。金融业监管局还发现企业有时会出现计算错误，因而过分夸大其资本，或未能在客户储备账户中留存足够的资金确保客户证券的安全。最终，德意志银行证券公司同意支付650万美元的罚款。[1]

● 网络安全。金融业监管局还对由于顾客信息泄露有关的企业处以罚款。例如，Morgan Keegan 公司被罚款15万美元，因其未能提供足够的防护措施来发现、监控以及报告客户信息泄露，也没有充分培训特定员工如何处理这类问题，从而导致企业员工未能及时向企业反映客户数据的泄露。[2]

● 证券卖空规则（SHO 规则）。[3] 金融业监管局已对出现违背做空和 SHO 规则的企业进行审理。例如审理了 Newedge USA 有限责任公司，因其未能建立、维护和执行充分的监管系统和程序，该系统和程序的设立是为了符合 SHO 规则，以及在没有足够理由认定可以借得证券而接受客户的做空命令。[4]

8.2　金融业监管局的执法过程

罗斯解释说有三种方式会触发金融业监管局执法行动：（1）来自于金融业监管局调查的推荐；（2）举报人的投诉；（3）仲裁已经开始，但是金融业监管局决定自己采取独立执法行动。

罗斯对金融业监管局如何发起执法过程进行了描述。他解释说金融业监管局执法人员会联系经纪商或经纪公司，正常地索要文件并告之自己正在进行调查。首先，金融业监管局会依据金融业监管局8210规则向注册代表及其公司索取记录。金融业监管局还有可能会要求进

---

[1]　参见 http：//www. finra. org/Newsroom/NewsReleases/2013/P411637.

[2]　参见 http：//www. thinkadvisor. com/2012/06/21/sec‐finra‐dol‐enforcement‐roundup‐investment‐advic.

[3]　证券交易委员会于2004年9月正式采用 SHO 规则，以规范卖空业务。请参见 http：//www. gpo. gov/fdsys/pkg/FR‐2004‐08‐06/html/04‐17571. htm.

[4]　参见 http：//www. finra. org/Newsroom/NewsReleases/2013/P299086.

行正式记录（"OTR"）的面谈，即金融业监管局代表会在一个金融业监管局办公室，在宣誓后提问经纪商有关当前违法情况的问题。经纪商和企业代表需要注意，提供给金融业监管局的信息可能会被用于金融业监管局惩戒处理，也可以被分享给其他监管机构，比如证券交易委员会；还可以被其他人作为证据传唤，比如仲裁诉讼时客户的律师；还可以被分享给刑事侦查和检察机关，例如司法部和FBI。

根据罗斯的经验，文件审查和面谈审查完毕后，金融业监管局会对案件进行分析，然后决定是否希望采取强制执法手段。如果金融业监管局决定继续，罗斯解释道，那么类似于证券交易委员会的执法过程，金融业监管局会发出一个"威尔斯"通知，告诉被告金融业监管局有意发起执法行动，并描述被告所涉不当行为和金融业监管局认为其所违反的具体法规。接下来，被告将有机会提交一份"威尔斯"申请，尝试说服金融业监管局不进一步采取执法行动。①

罗斯指出，一些经纪商会犯的错误是没有在金融业监管局执法过程中尽早地聘请法律顾问。他解释说，企业或经纪商应该在收到金融业监管局的调查已经开始通知时就立刻聘请顾问。罗斯说很多经纪商会等到向金融业监管局上交完文件或进行正式记录的面谈后才聘请法律顾问。在这种情况下，罗斯解释道，一旦被告宣誓作证，代理他们诉讼就会变得更加困难，因为他们已经向金融业监管局提供了发过誓的证词。罗斯建议经纪商或企业即使不认为自己任何过错，也应该避免在没有法律顾问陪同和充分准备下与金融业监管局进行正式记录的面谈，因为这场记录在案的面谈是整个案件的关键时刻。

罗斯还建议被告更加积极强硬地向金融业监管局申请"威尔斯"过程，并适当引用正式记录的面谈作证，正好表达被告并不认为金融业监管局会准确地理解或引述了证词。他举例说，有一次他在向金融业监

---

①　如第七章所说，"威尔斯"通知和"威尔斯"申请的名字来源于前SEC委员会主席约翰·威尔斯，因为他在SEC中最先提出此过程的设想。

管局提交"威尔斯"申请后，引用到被告的证词，金融业监管局回复他的客户说："你是对的。我们准备停止进行这个案子了"。罗斯解释说，被告在他们的"威尔斯"申请中需要表达的中心观点就是金融业监管局将会败诉，因此不值得他们继续追究这个案子。

金融业监管局可以采取行动或将案件转交给证券交易委员会，它同样有权力直接执行一个金融业监管局规定，如果金融业监管局选择不这样做的话。证券交易委员会并不认为自己的行政诉讼与金融业监管局的执法措施有所重复，并有可能在金融业监管局采取行动的同时独立采取行动。①

8.3　金融业监管局的正式诉讼

金融业监管局会在正式诉讼开始时发起一个投诉，被告将有 25 天作出回复。在回复中，被告可以也应该要求进行听证。

至于证据展示，罗斯解释说金融业监管局通常会告诉被告他或她可以审阅金融业监管局档案里所有和该项执法行动有关的文件。罗斯将其比作起诉者有义务向被告展示一切他们用以立案的文件。另外，有正式记录的面谈通常都在诉讼的非正式阶段进行，并且一般是整个案子中和被告进行的唯一一次面谈。很让罗斯感到不满的一点就是在"威尔斯"通知前，虽然法律顾问可以索取正式面谈记录，但是在那个时间点上并不能获得面谈后当庭展示的副本。根据罗斯的经验，金融业监管局允许法律顾问在金融业监管局办公室审阅当庭展示的证据，但是直到"威尔斯"过程结束并且金融业监管局决定继续采取执法措施后，他们才可能持有这些证据。

8.4　金融业监管局执法过程中的挑战

罗斯解释说被告在金融业监管局执法诉讼中面临的最大挑战之一

①　参见琼斯对 SEC 一案，115 F. 3d 1173, 1182 (4th Cir. 1997) 。

就是需要在有限时间内搜集证据用于听证时的辩护。金融业监管局有充足的时间搜集证据，而被告则可能会在短得多的时间内匆忙地建立起辩护说词。不过罗斯认为还是有必要尝试联系一下金融业监管局确认的证人。比如说有一次，金融业监管局给出了六位证人，都声称他们的经纪商代理人侵犯了他们的权益，他接触了他们每个人，并从六个人那里都获取了反驳金融业监管局的宣誓口供，最终他为其客户取得了听证的胜诉。

8.5 金融业监管局听证的开展

听证会由一个三人委员会主持，其中一人为金融业监管局听证官，另外两位为行业代表。金融业监管局表示，听证官完全独立于金融业监管局的执法部门。① 提出控告后，金融业监管局的首席听证官或副首席听证官会给案子指派一名听证官。听证官负责监督诉讼，确保其公平有效，并担任听证委员会的主席。

除此之外，被告所作的任何决定性请求都由金融业监管局听证官决定，而罗斯认为，这种请求基本不可能会被准许。这种情况之所以发生是因为从听证官的角度来看，他隶属于金融业监管局，如果他认为存在一个可以立即判决的问题，那么他们一开始就很有可能不会立案了。但是罗斯认为即使预料到请求会被否决，不管怎么说提出这些请求还是有意义的，因为这是他在告诉委员会自己准备在听证会上提出的问题。曾经在一起案例中，罗斯在听证会之前就基于某 论证提出即决判决动议，该动议被否决。接下来，他又在听证上做出同样的请求但是再次被否决。他又在上诉时提出相同的辩护并且终于成功，针对他的客户的诉讼也被撤销。

在听证之前，金融业监管局听证官会安排一个预听证会议。这场会

---

① http：//www. 金融业监管局 . org/web/groups/industry/@ ip/@ enf/@ adj/documents/industry/
p006746. pdf.

议通常会通过电话举行，被告和一名金融业监管局代表必须参加。这场会议上，听证官会要求各方一起讨论案子，并试图决定合适的听证时间和地点。这样就会确定一个听证日期以及听证前的安排。必须在听证之前向听证官和金融业监管局提供证人和证据清单，以及证据的副本。被告同时也会在听证前收到执法部门的证人证据清单以及证据副本。

至于金融业监管局听证本身，罗斯解释说虽然很严肃，但是通常远没有法庭审理那样正式。各方一般会向委员会进行开庭陈述。然后金融业监管局会展示它的证据，可能会包括证人证词或是文件证据。金融业监管局结束其展示后，被告再通过证词和文件阐述自己的立场。双方都展示完证据后，他们通常会被允许向委员会进行总结陈述。有关证据的相关规定并不会被严格执行，罗斯提示到有时金融业监管局的证据甚至会包含道听途说的消息。他还解释说金融业监管局通常会在听证上占据优势，因为他们可以提供由他们主导的第三方证人具有正式记录的面谈证据，而有时证人甚至没有胜任的法律顾问代表他或她。罗斯说金融业监管局的立案几乎完全依赖金融业监管局调查员的作证、一些声称自己的权益受到侵犯的投资人以及文件证据。

罗斯发现金融业监管局的委员会成员相对经验丰富、学识渊博，以及他们的确会努力不对被告作不利判定。再说，因为被告只需要两票就可以胜诉，所以即使金融业监管局听证官倾向于接受金融业监管局的证据，委员会中的行业代表仍可以决定案子向被告有利的方向发展，即便有违委员会上那位金融业监管局人员的意愿。

罗斯建议，如果被告要参加金融业监管局的听证，他们一定要聘请法律顾问。他还建议，如果情况合适的话，还可以邀请专家来支持自己的论证。金融业监管局有可能也会带来专家，这种情况下，被告有自己的专家出席听证作证就非常重要了。

8.6　达成协议解决的可能性

罗斯说如果在听证前各方可以和解的话，金融业监管局也会帮助调解执法诉讼。和解讨论可以在诉讼过程中的任何时间进行，但是罗斯指出，金融业监管局提出的惩罚往往过于严厉，被告不愿意接受，因而双方就无法达成解决方案。和解也有可能发生在听证结束后宣布裁决前，尤其当其中一方认为委员会成员并不是很倾向于自己的论证时。

在调解或和解商讨时，罗斯建议参考金融业监管局的制裁指导方针，以决定什么可能是比较能接受的提议。罗斯解释道，金融业监管局通常不愿意偏离制裁指导原则，因为双方最后达成的解决方案一般都会公布于众，而金融业监管局经常会担心给未来开了不好的先例。

8.7   金融业监管局的纪律处罚方式

金融业监管局可以进行的纪律处罚包括以下几类：
- 收取罚款；
- 谴责成员或相关人；
- 暂停成员身份或相关人的注册身份；
- 开除或取消成员身份，撤销或取消相关人的注册身份；
- 暂停或禁止一位成员或相关人与其他成员的交往；
- 视情况斟酌进行其他合适的处罚，包括解约、赔偿和/或上缴非法获益；
- 发布永久或暂时停止不正当竞争的命令。

听证过后，听证官可以要求各方提出所推荐的事实认定和法律结论，以及听证会后概述。会后概述中的所有事实认定和事实断言都必须有诉讼记录中的具体事例支持。罗斯认为一般听证会后 30 到 45 天作出判决比较合适。

8.8   上诉听证委员会判决的权利

如果听证委员会最终作出有利于金融业监管局的判决，被告有权利上诉全国裁决委员会（"NAC"）。全国裁决委员会由行业高管和法律教授组成，他们会检查听证记录和法律问题。被告需要提交一份上诉实施摘要，并向委员会进行口头陈述。罗斯说全国裁决委员会很少会推翻金融业监管局的判决，但是也确实发生过，例如一次听证会判定一位经纪商终身禁入证券行业，而在向全国裁决委员会进行上诉后，罗斯说服全国裁决委员会完全推翻听证委员会的判决，并裁定这名经纪商不需要接受任何处罚。

全国裁决委员会裁决后，被告有权上诉至证券交易委员会，如果失败则还可以继续上诉联邦法庭。罗斯指出，获得这些上诉的胜利困难重重但是不是不可以战胜，因为他们察看的是全国裁决委员会已经检查过的相同的法律问题和事实记录。

8.9　金融业监管局执法的近期发展趋势

罗斯说，总体来讲，自己看到的一个趋势是金融业监管局不断将其执法聚焦在小型经纪商上，因为他们资源有限难以回击。罗斯认为金融业监管局比较不愿意针对大一些的投资银行立案，因为他们有足够资金为自己进行有力辩护。因此，小型实体公司一定要为执法听证做足准备，最好是和法律顾问一起，以免被一次没有充分证据的诉讼占了便宜。

8.10　如何进行积极的辩护

相较于证券交易委员会的执法行动，金融业监管局的诉讼通常有一些不正式、进展速度很快并且没有那么复杂。一些小企业认为自己即便没有法律顾问和充分准备也可以取得胜利。企业应该当心这种观点。虽然应对一次金融业监管局执法诉讼远远没有应对一次证券交易委员会执法行动那样耗费资源，企业仍不应该对金融业监管局的诉讼掉以轻心。被金融业监管局处罚将会带来严重后果，既有实际物质损失，也会有损声望。如果企业聘请熟悉金融业监管局流程和听证并且经验丰富的法律顾问，进行强力、咄咄逼人以及可信的辩护，有包括专家在内（如果需要的话）的多名证人，他们一般都会有更理想的胜诉机会。

第九章　如何应对
商品期货交易委员会的执法

商品期货交易委员会也会通过其执法部门调查和起诉涉嫌违反商品交易法和商品期货交易委员会规章的行为。商品交易法规定，交易未来交割商品买卖的合同——期货合约，属于非法行为，除非该合约是在联邦政府指定的交易所履行。执法部门的调查基于自身获取的信息以及来自其他商品期货交易委员会部门，行业自我监管组织，州、联邦和国际权威机构和公众的信息。当商品期货交易委员会掌握违反商品交易法规定的相关证据时，它可能提交司法部进行起诉。涉及与商品交易相关的手段的犯罪活动可能导致违反商品交易法和其他联邦刑法的刑事犯罪起诉，包括商品欺诈、邮件欺诈、电信欺诈和共谋。

9.1　商品期货交易委员会执法力度增强

过去几年里，国会充分扩大了商品期货交易委员会的监管范围，同时商品期货交易委员会执法的力度也愈加积极强硬。商品期货交易委员会执法行动年总量大幅上升，对大量市场参与者征收的罚金也创了新高。2014 财政年度，商品期货交易委员会共采取了 67 个新的执法行动并对公司和个人处以破纪录的 32.7 亿美元罚款。32.7 亿美元的处罚包括超过 18 亿美元的民事罚款和超过 14 亿美元的赔偿与不当得利返还。这些数字使商品期货交易委员会过去两个财年的罚款总量达到 50

亿美元以上，超过之前十个财政年度罚款相加的总量。[①]

执法行动增加的两个主要原因是依照《多德—弗兰克法案》商品期货交易委员会执法权力扩张和商品期货交易委员会的新举报者计划。《多德—弗兰克法案》从多个方面影响了商品期货交易委员会执法部门的权力。《多德—弗兰克法案》第 753 条强化了商品期货交易委员会的"反操纵权力"以增强商品期货交易委员会的执法权力。[②] 依据该法条和商品期货交易委员会实施的规定，商品期货交易委员会除"特殊目的"外还可以凭借"轻率的"不当行为的相关证据认定操纵行为。随着这样的改变，商品期货交易委员会就不需要事先证明被告人有明确意图实施操纵性计划，而是能够直接起诉"轻率使用欺诈性操纵计划"。这一改变造成了在执法行动中成功诉讼所需要的证据数量有了巨大变化。

另外，《多德—弗兰克法案》扩大了商品期货交易委员会的权力，对于向商品期货交易委员会供述虚假陈述的采取新型执法措施。在《多德—弗兰克法案》之前，商品交易法只在登记申请时或商品期货交易委员会归档报告中禁止对商品期货交易委员会提供虚假信息。但是《多德—弗兰克法案》扩大了该禁令的范围，现今也禁止通过提供商品期货交易委员会重要事实的虚假陈述而散布虚假信息的行为。

更进一步，《多德—弗兰克法案》第 747 条修订了商品交易法规定，新增禁止"破坏性行为"，市场参与者出现以下行为视为违法：（1）违规出价或报价；（2）有意或轻率地无视闭市期间交易的有序执行；（3）参与欺骗。[③] 欺骗是指有意在交易执行前撤回出价的前提下提出出价或报价。而根据商品期货交易委员会对该修订的理解，处理欺骗行为不需要提供存在某种模式的活动的证据。以上改变，加上依据

---

① 参见 http：//www.cftc.gov/PressRoom/PressReleases/pr7051 – 14.
② 参见商品交易法的 6（c）（1）条。
③ 参见商品交易法的 4（c）（a）（5）。

《多德—弗兰克法案》颁布的一系列针对诸如互换交易商、商品基金经理和商品交易顾问等实体的新规定,[①] 正在并很有可能继续带来执法行动数量的大幅增加。

除此之外,商品期货交易委员会的举报者计划已经开始影响商品期货交易委员会的执法行动。提交商品期货交易委员会的举报数量从 2012 财政年度的 58 件跃至 2013 财政年度的 138 件,又增至 2014 财政年度的 227 件。[②] 2014 年 5 月,商品期货交易委员会宣布会将约 24 万美元的第一笔举报奖励颁发给一位举报者,该举报者提供了违反商品交易法的有价值的信息。[③] 举报者计划为商品期货交易委员会提供了一种获悉潜在的违法商品交易法行为的新渠道,正在并会继续带来更多的执法行动。

9.2　商品期货交易委员会的执法行动类型

为了更好理解商品期货交易委员会正在进行的执法优先序,分析近年来商品期货交易委员会采取的执法行为类型将很有帮助。例如,2014 年,商品期货交易委员会的执法部门将其资源集中在了下列领域:

● 商品基金欺诈:商品期货交易委员会对被指经营欺诈性商品基金方案的经理采取了一系列行动。例如 2014 年末,商品期货交易委员会指控一个未注册个体,在 2009 年 1 月到 2011 年 3 月期间,通过欺骗手段,从 43 位基金参与者手中索取 114.6 万美元,参与集体投资工具进行场外协议、合约和基于杠杆或保证金的外汇交易的买卖。商品期货交易委员会发现被告人向参与 6 个月合同的基金参与者承诺 2% 至 5% 的月收益率,据称是通过集中参与者资金进行基于杠杆或保证金的场

---

① 关于对于《多德—弗兰克法案》影响下,商品期货交易委员会(和 NFA)新增管辖实体类型的更深入探讨,请参见第六章。

② http://www.cftc.gov/ucm/groups/public/@whistleblowernotices/documents/file/wb_fy2014report-to-congress.pdf.

③ http://www.cftc.gov/PressRoom/PressReleases/pr6933-14.

外外汇交易可以产生如此高的收益率。商品期货交易委员会命令该被告人支付 70 万美元的民事罚款和 766625.3 美元的赔偿。① 2014 年，商品期货交易委员会对商品基金计划还采取了很多追加行动，控告多个个人从事商品基金欺诈，并对另一些个体进行了审判和清算。

- 非法贵金属交易：2014 年商品期货交易委员会的另一个关注重点是贵金属骗局和非法贵金属交易。商品期货交易委员会对多个它认为涉嫌欺诈性贵金属计划的实体签发命令和采取行动，包括要求一家大本营在佛罗里达的公司和相关个人支付超过 620 万美元的赔偿和罚款，因其引诱个体零售客户融资参与针对黄金、白银和铂金的贵金属交易，却实际上并没有为客户购买任何实体商品。② 另外，2014 年，商品期货交易委员会还控告了多位个人和公司参与非法贵金属交易并通过审讯判决其他一些个体，包括在 2014 年初处以两位佛罗里达州居民和他们的公司超过 500 万美元的赔偿和罚款，因为他们不合规地接受电话推销公司顾客的指令和资金进行基于杠杆的实体贵金属交易。③

- 操纵案例：2014 年，商品期货交易委员会还多次采取行动起诉涉嫌操纵外汇交易基准利率以及操纵和企图操纵原油期货合约和天然气期货价格等行为。2014 年 11 月，商品期货交易委员会对花旗银行、汇丰银行、摩根大通银行、苏格兰皇家银行和瑞银集团进行发出了 5 个命令，提出指控他们为了让一些交易者头寸获利而企图操纵和协助、教唆其他银行试图操纵全球外汇基准利率，命令最终共处以超过 14 亿美元的民事罚款。④

- 庞氏骗局：2014 年商品期货交易委员会仍未松懈对于庞氏骗局的关注，并对从事几百万美元庞氏骗局的多个个人进行起诉，包括

---

① 参见 http：//www.cftc.gov/PressRoom/PressReleases/pr7091 - 14.
② 参见 http：//www.cftc.gov/PressRoom/PressReleases/pr6859 - 14.
③ 参见 http：//www.cftc.gov/PressRoom/PressReleases/pr6850 - 14.
④ 参见 http：//www.cftc.gov/PressRoom/PressReleases/pr7056 - 14.

2014 年 9 月起诉一位俄亥俄州居民，因其从客户募集了至少 1.16 亿美元却只将其中的 470 万美元注入期货账户。①

- 向商品期货交易委员会提供虚假陈述：商品期货交易委员会会积极地起诉那些它认为没有诚实配合调查的个体。2014 年，商品期货交易委员会处理了两个案件，所针对的个体在执法调查中，向他们提供了虚假误导的陈述。这两个案件中，商品期货交易委员会都收取 25 万美元的罚金。其中一例牵涉一位外国公民，据说该外国公民在一次执法调查提问中，向商品期货交易委员会人员，提供了关于一次日元看涨期权合约交易的重要事实的虚假和误导性信息。② 第二个案件中涉及的个体提供给了商品期货交易委员会执法人员一份和调查相关、带有签名和公证过的财务披露声明，而根据商品期货交易委员会，他在其中谎称该声明已包括他所有的已知资产。③

- 没有提供要求的报告：2014 年，商品期货交易委员会也对提供不正确报告的公司采取执法行动。比如说因摩根大通集团一家银行的子行在被要求汇报一些大交易者持有的头寸情况时，提供了不准确的报告而对其处以 65 万美元的民事罚款；④ 并且指控了两家生产和交易棉花与其他农作物产品的巴西企业，因为他们没有提交表示他们的看涨棉花购买和销售的 304 表格报告，从而未能满足作为报告交易者的法律义务。⑤

- 监管违规：商品期货交易委员会在 2014 年还就监管违规的问题采取了多次执法行动，包括对德意志银行证券⑥、摩根斯坦利美邦⑦和

---

① 参见 http://www.cftc.gov/PressRoom/PressReleases/pr7001 - 14.
② 参见 http://www.cftc.gov/PressRoom/PressReleases/pr6815 - 14.
③ 参见 http://www.cftc.gov/PressRoom/PressReleases/pr6880 - 14.
④ 参见 http://www.cftc.gov/PressRoom/PressReleases/pr6968 - 14.
⑤ 参见 http://www.cftc.gov/PressRoom/PressReleases/pr6827 - 14.
⑥ 参见 http://www.cftc.gov/PressRoom/PressReleases/pr7089 - 14.
⑦ 参见 http://www.cftc.gov/PressRoom/PressReleases/pr6998 - 14.

美林证券[1]的行动，并施以巨额罚款和严厉处罚。

2012 年和 2013 年商品期货交易委员会也格外关注了上述领域的几个方面，包括商品基金欺诈、庞氏骗局和监管问题。在接下来的几年里，商品期货交易委员会的执法行为只可能进一步增加，尤其会集中于商品期货交易委员会依据《多德—弗兰克法案》而增加了权限和权力的方面。鉴于商品期货交易委员会调查经常持续多年，个人和企业极有可能会在未来几年看到操纵案件的数量剧增，更多案件是因为新的"轻率"标准以及由于"破坏性实践"的行动和"虚假陈述"的理由而起诉。

9.3　商品期货交易委员会执法行动的触发

肯尼斯·W. 麦克拉肯（Kenneth W. McCracken）是一位商品期货交易委员会执法部门的前首席辩护律师，他现在是西福哈丁律师事务所的合伙人之一，负责代表个人和企业处理商品期货交易委员会的调查和诉讼，并且是公认的商品期货交易委员会执法事务的专家。[2] 在麦克拉肯先生看来，客户、市场参与者、举报者，有商品期货交易委员会的其他部门以及国家期货协会（NFA）转交过来的线索是最经常触发商品期货交易委员会调查的原因。他指出，基于他们在监督活动中观察到的情况和对于市场的分析，商品期货交易委员会市场督察部和互换交易商及中介监管部也有可能会向执法部提供线索。另外，也有可能来自于国家机关或其他联邦机关的线索，例如证券交易委员会或联邦能源监管委员会（FERC）。

---

① 参见 http：//www.cftc.gov/PressRoom/PressReleases/pr6984 – 14.

② 在商品期货交易委员会工作的十多年来，麦克拉肯先生曾带领、指导过多个律师团队进行调查或起诉，案件涉及操纵、诈骗和交易行为违规。他同时还是执法部负责操纵和干扰性交易小组的成员之一。

9.4　商品期货交易委员会执法过程

麦克拉肯解释道，商品期货交易委员会的执法过程通常会从一次非正式质询开始，即商品期货交易委员会甚至会在运用权力正式发出传票前，就已经展开调查。接下来，商品期货交易委员会很有可能会向公司或个人索取文件和信息。麦克拉肯指出，商品期货交易委员会一开始索要的文件会有意扩大范围，以便尽可能多地收集信息来更好理解他们有可能感兴趣的问题。他还表示，商品期货交易委员会执法人员一般不会介意滚动提供被索要文件，并且通常很理解那些较小实体因为技术限制，而需要更多时间收集商品期货交易委员会想要的文件。麦克拉肯认为，商品期货交易委员会虽然可以考虑限制或裁减索要文件的范围和广度，但是不大可能会这么做，除非能够证明原有请求并不会必然帮助它获得希望得到的特定信息。

根据他在商品期货交易委员会的经验，麦克拉肯发现即使没有传票，很多企业也会在被要求自愿提供文件或信息时主动配合商品期货交易委员会。这样做，商品期货交易委员会会认为这些企业希望与监管机构建立合作和信任关系。他还在商品期货交易委员会工作时，极少遇见会完全拒绝接受商品期货交易委员会自愿请求的企业或个人。麦克拉肯指出，如果一家企业拒绝配合，其拒绝很可能会变成执法部门从商品期货交易委员会委员会请求传票权的动力，而且同样发出要求相同信息的传票。因此，一家公司或许可以推延商品期货交易委员会的自愿提供文件的要求做出立刻回应，但是可能很快就会收到一张传票。

9.5　商品期货交易委员会和证券交易委员会执法过程的区别

麦克拉肯还指出，商品期货交易委员会执法过程的作用有别于证券交易委员会，因为商品期货交易委员会执法律师既负责事件的调查也负责事件的诉讼。他解释说，和证券交易委员会不同的是，商品期货交易委员会没有律师专门负责调查，然后再将事情转交给负责诉讼的律师。商品期货交易委员会执法时，由执法部门的律师和调查员一起展开调查。在某些情况下，如果涉及理解复杂的经济问题，还会邀请一位经济学家加入团队。执法团队会调查事件，必要时传唤或要求公司主动提供文件并取得调查证词。根据麦克拉肯的说法，在审阅和分析所有文件和信息后，执法团队会作出决定，认定是否存在违法情况。如果他们认为并没有违法，他们就会建议结案。

9.6　商品期货交易委员会的"威尔斯"过程

麦克拉肯解释道，如果商品期货交易委员会执法部门决定进行诉讼，他们必须获得委员会的同意才能提出执法行动。除此之外，和证券交易委员会的案子一样，商品期货交易委员会也会使用一种"威尔斯"过程。根据麦克拉肯，商品期货交易委员会的威尔斯过程并不必要在每一个案子里使用，虽然它仍然可以使用。他指出商品期货交易委员会更有可能在一些更复杂的商品期货交易委员会案件中采取"威尔斯"过程，例如涉嫌操纵的案件。他还解释道，但是即使商品期货交易委员会没有提出该程序，一个潜在的被告仍然可以在商品期货交易委员会批准开展执法诉讼调查前提交一份"威尔斯"申请或"白皮书"或其他法律文件为自己的立场进行辩护和解释。如果潜在被告采取了这样的方法，麦克拉肯认为执法部门多半会接受提交的文件并将其提供给委员会。

麦克拉肯解释道，在采取了"威尔斯"过程的情况下，"威尔斯"申请会被提交给执法部门，然后作为申请正式采取诉讼行动的常规内部流程的一部分，商品期货交易委员会执法部会将"威尔斯"申请附在执法行动申请上一起交给商品期货交易委员会委员。麦克拉肯指出，商品期货交易委员会的执法部门，也有特权在一个备忘录中，对潜在被告在"威尔斯"申请中递交的内容作出回应，并将该备忘录和其他材料一起交给委员们。

　　商品期货交易委员会还试图通过一些非正式程序描述他们的"威尔斯"过程。在这些程序下，执法部门自行决定是否通知执法起诉中可能涉及的人，并告知他们相关指控的性质。该部门还可以决定是否建议这些人在委员会考虑任何推进起诉的建议前递交一份书面陈述。这些程序明确规定，任何书面陈述都必须在执法部门通知他们相关指控性质之后的 14 天内递交，不得超过 20 页，并且采用 2 倍行距和 8.5 英寸 ×11 英寸的纸张规格。在陈述中，他们可以就起诉相关事实、法律和政策性问题提出自己的观点。这些程序还规定递交内容中任何有关事实的陈述必须向一位了解该事实的人进行宣誓。程序还规定，委员会可以自行决定在它考虑其成员的建议发起执法起诉时，可以选择考虑全部、部分递交内容或是不考虑任何递交内容。①

　　麦克拉肯解释道，在这些情况下，商品期货交易委员会执法律师会起草一份诉状并和执法部门向委员们请求授权提起起诉的备忘录、潜在被告递交的所有"威尔斯"申请和执法部门对"威尔斯"申请的回应一同提供给委员会。到了这一步，委员们将投票决策执法部门是否可以被授权提起控诉。如果投票结果是赞成，则提起控诉并正式启动诉讼程序。

9.7　商品期货交易委员会执法中的专家使用

　　麦克拉肯解释，在基础的欺诈案中，商品期货交易委员会执法很有可能会派遣机构内部的调查员和经济学家进行财务数据分析，但是在贸易实务和操纵案件中则可能会寻求外界专家的帮助。在麦克拉肯看来，商品期货交易委员会既可以在调查阶段聘请专家来帮助他们更好地理解财务和经济数据并决定执法措施应该采取多大力度，也可以在

---

　　①　C.F.R. § 11.1，附录 A。

诉讼阶段聘请专家向法官或陪审团解释商品期货交易委员会案件中的经济细节。麦克拉肯还说自己曾见过很多潜在被告聘请自己的专家评估市场或财务数据以及在诉讼前和诉讼进行中提供相应的分析。麦克拉肯指出，衍生品、商品和掉期市场存在一些当今最为复杂的金融工具，因此被告如果聘请有能力向审判法官和陪审团解释商业和经济部分，并能潜在的教育他们有关这些复杂事情的专家将会很有益处。更进一步，倘若被告聘请专家进行市场或经济分析，在和商品期货交易委员会商定解决方案时有利于减轻的任何潜在指控和可能处罚。

9.8 和解协商

麦克拉肯解释道，在一些特定情况下被告能够在审理过程的早期与商品期货交易委员会交谈愿意和解可能会更加有利于自己。过去的几年里，执法部门在和解谈判时态度愈加强硬。例如，商品期货交易委员会会为和解结案提出条件（比如处以民事罚款、赔偿、禁止交易，等等）并表明所提出的和解条件只会随着诉讼的开展和开庭日期的临近而增加。倘若是这种情况，较早提及和解议题将会帮助被告更好地评估商品期货交易委员会是如何看待该案的所占的优势。

他说到，此外，被告还应该牢记商品期货交易委员会是一家规模较小、资源有限的机构，因此会认识到长期庭审导致的潜在成本费用。因此，根据麦克拉肯意见，商品期货交易委员会在做决定时除了考虑自己的力量和案件复杂程度，也很有可能在决定和解时考虑审讯需要消耗的内部资源（比如律师、调查员和专家等的数量和工作时间）。商品期货交易委员会还认识到被告也一定在对相同的问题进行估计。因此，对于一些较为复杂、需要大量事实诉讼的商品期货交易委员会案子，也许双方可能会在开审前就达成和解，因为双方发现这样做对大家都有利。

9.9 商品期货交易委员会执法中行政程序的应用

根据麦克拉肯的观察，证券交易委员会和商品期货交易委员会执法程序之间的另一大区别是，商品期货交易委员会不像证券交易委员会那样近几年大量减少了行政诉讼的运用。他指出，近年来商品期货交易委员会执法进行的绝大多数行政听证都是撤销注册相关的诉讼。例如只有当一个人因为欺诈被商品期货交易委员会起诉，而他或她是注册者这样的事情发生后，就会举行这样的听证。当一个欺诈案被解决时，如果判定负有责任，则商品期货交易委员会可以采取行政手段撤销被告的注册身份。麦克拉肯进一步指出，在 2012 年，商品期货交易委员会取消了两个内部行政法官的职位，现在聘用退休法官或依赖其他联邦机构的法官。[①]

9.10　商品期货交易委员会执法的发展趋势

对于未来商品期货交易委员会执法的发展趋势，考虑到《多德—弗兰克法案》带来的多种新权力，麦克拉肯认为商品期货交易委员会会仔细检查《多德—弗兰克法案》变革下出现的那些新登记和登记豁免。他建议登记者非常严谨地维护好要求的文件。他还认为商品期货交易委员会会格外关注潜在操纵和破坏性交易违规，包括分析算法和高频交易者的市场活动。麦克拉肯认为，总的来说，商品期货交易委员会可能会继续将执法行动集中于那些影响市场完整性的事件上。

麦克拉肯还指出，无论是当年在商品期货交易委员会工作还是如今代表被告应对商品期货交易委员会诉讼，他都惊讶于虽然商品期货交易委员会是一家较小的机构，但仍能多次发起高度复杂的法律行动。他解释说，商品期货交易委员会处理的很多法律问题就是否发生了违法而言并不总是非黑即白，而往往处于法律灰色地带。很多市场交易案

---

①　虽然过去几年存在这种趋势，2014 年年末商品期货交易委员会执法部门主任在华尔街日报采访中暗示商品期货交易委员会在未来很有可能会因为开支限制而采取更多的行政程序。参见 http://www.wsj.com/articles/商品期货交易委员会 - turns - toward - administrative - judges - 1415573398.

件中，对法律的理解要求根据事实与环境的方法决定企业或个人是否违法并需要负责。因此，麦克拉肯建议被告应该自己对自身活动展开法律分析，决定其自身风险暴露程度以及商品期货交易委员会对于在议问题的潜在监管看法。

他还解释道，由于问题的法律和经济复杂性，如果被告能够作出十分出色的辩护，他们也许有机会在法官面前占据优势，因为案件涉及的法律和经济问题经常很不明确，不同方式的解读往往都会显得合理。麦克拉肯还解释道，与此类似，在调查的初始阶段，潜在被告可以根据自身利益考虑是否提供商品期货交易委员会能够解释自己所作决定的特殊商业或经济背景或环境的信息，从而试图说服商品期货交易委员会其实没有诉讼的必要，这对于商品期货交易委员会执法人员来讲可能很有说服力。麦克拉肯指出，因为期货市场上存在很多不同类型的商品，而有时经营某个具体商品或某组商品会存在特有的商业动机和经济原理，从而需要向商品期货交易委员会执法人员作出详细解释。

9.11　关于商品期货交易委员会执法过程的错误假设

麦克拉肯已经发现有些辩护律师可能会认为自己以前有应付证券交易委员会的经验，这样的经历将会和在商品期货交易委员会执法诉讼中辩护相差无几。但是麦克拉肯表示，商品期货交易委员会其实和证券交易委员会十分不同，因为它是一个较小的机构，而职员都具有特定的和复杂的市场经验。当前，商品期货交易委员会执法部门拥有大约150位律师，分散于四个办公室（华盛顿、纽约、芝加哥和堪萨斯城）；① 而证券交易委员会执法部门则拥有大约13万位律师，在全国拥

---

① 关于商品期货交易委员会的2015财政年度主席预算和绩效计划，请参见 http：//www. 商品期货交易委员会 . gov/ucm/groups/public/@ newsroom/documents/file/商品期货交易委员会 budget2015. pdf.

有 12 个办公室。① 如此一来，商品期货交易委员会执法律师自己只需应对少量内部繁文缛节，从而能够和更多同事或管理者讨论更为复杂的法律问题或案件，或是更便利的就被告律师做出的具体辩护交换看法。根据麦克拉肯，如果错误地认为可以完全按照过去应对证券交易委员会执法的方式来应对商品期货交易委员会执法部门，则可能很难成功。他还相信，因为较小的规模和基于历史原则的监管方式，商品期货交易委员会执法人员在案件中执行商品交易法和规定时，可能要比其他很多秉承明线禁止规则的监管方式的联邦机构更加实际和灵活。

因为以上原因，在一个具体执法行动中试图理解商品期货交易委员会的监管动机和意图，对案件是否能够圆满解决或许举足轻重。

9.12　商品期货交易委员会执法案件的应对策略

本书作者认为，面对商品期货交易委员会执法诉讼在辩护时所采用的方式应该很大程度地有别于应对证券交易委员会或金融业监管局的执法诉讼时辩护所采取的方式。在商品期货交易委员会诉讼中，被告公司有更多机会在一开始就和商品期货交易委员会调查团队就案件的细节举行坚定的对话，尤其当被告认为商品期货交易委员会的行动是基于对事实或法律的错误理解。整个诉讼过程中都应该考虑双方可以同意达成和解的可能性，哪怕是开庭审讯前夕。如果事情真的发展到走上法庭，明智的选择是聘请专家把复杂的事件向法官或陪审团解释清楚。同样重要的是不要忘记商品期货交易委员会仅有有限的机构资源，比如与证券交易委员会相比较。虽然这并不意味着可以凭借开支和资源在法庭上胜过商品期货交易委员会，这仍然是在研究应对商品期货交易委员会执法诉讼的有效战略时需要考虑的一个重要因素。

---

① 关于 SEC 的 2015 财政年度预算要求表格，请参见 http：//www. sec. gov/about/reports/sec - fy2015 - budget - request - tables. pdf.

第十章 如何应对
国家期货协会（NFA）的执法

国家期货协会作为期货行业的自律组织，它的绝大多数监管采取的是定期现场检查的方式，对此第六章已有更为详尽的介绍。国家期货协会还负责建立和执行保护客户利益的规则和标准，为期货和与外汇交易相关的纠纷提供仲裁法庭，并通过筛查判定是否有成为或继续保持国家期货协会成员身份的资格。

10.1 国家期货协会的处罚行动

除此之外，国家期货协会规则提供两种类型的处罚行动——起诉、成员和/或关联者的责任诉讼（"MRA/ARA"）。罗纳德·郝思特（Ronald Hirst）是国家期货协会副法律总顾问/执法事务协调员，根据他的意见，起诉是国家期货协会最常见的处罚手段类型，并由国家期货协会的商业行为委员会（"BCC"）[1] 负责发起，倘若他们有理由相信一项国家期货协会的规定正在、已经或将要被违反，则该问题应该予以裁定。[2] 当国家期货协会主席有理由相信必须立即采取行动才可以保护商品期货市场、客户或其他国家期货协会成员及关联者时，并获得国家期货协会董事会或执行委员会的一致赞同，才可以发起成员和/或关联者责任诉讼。如果在完成一次调查后，国家期货协会合规部门认为没有理

---

[1] 商业行为委员会由资深期货专家和非国家期货协会成员组成，决定对国家期货协会成员应采取的措施。

[2] 参见国家期货协会手册，国家期货协会规定 3–2（c）调查。

由相信一项国家期货协会规定正在，已经或将要被违反，但是当初引起调查的一些问题仍需要引起成员的注意和尽职调查，则国家期货协会的合规章程第三部分授权商业行为委员会发布——或授权合规部门发布——一封警告信，尽管这并没有被看作是一项正式的处罚行动。[①]

10.2　导致起诉的原因

在郝思特看来，近几年，国家期货协会的商业行为委员会的大多数起诉和成员责任诉讼源于对由国家期货协会2009年强化过的风险管理系统辨识出的问题公司和个人所进行的有目的的调查。国家期货协会风险管理系统基于一些加权因子评估一家公司的风险水平，加权因子来自于国家期货协会数据库的信息。这些因子包括公司委托人和关联人（"APs"）的聘用历史记录、处罚历史、财务信息、关联人数量和客户数量。国家期货协会风险管理系统让国家期货协会得以集中资源处理风险程度最高的成员企业。

此外，很多国家期货协会近期的成员和/或关联者责任诉讼是由于国家期货协会发现的"危险信号"，而进一步调查揭示了信号背后存在欺诈性行为，需要立即采取行动。例如，一个商品基金经理（"CPO"）成员上交的一份截至9月30日的基金季度报告中表示，2011年7月损失超过70%，8月损失99%。然而即使存在这些损失而且并没有明显的资本注入，该基金期末净资产价值却超过了800万美元，比期初基金的净资产价值还多了100万美元。因为基金季度报告这一可疑信息，国家期货协会紧急开展调查，揭发了一个挪用投资者百万美元资金的骗局，也因此国家期货协会采取成员责任诉讼，终止该商品基金经理的业务。国家期货协会将此案移交至联邦执法机构，对商品基金负责人提起刑事指控，该被告后来被判有罪，在联邦监狱服刑12年半。

---

① 参见国家期货协会手册，国家期货协会规定3－2（b）。调查。

国家期货协会的执法案件也有其他来源，包括客户或其他国家期货协会成员的投诉，财务报表分析，常规检查和其他机构移交的案件。

10.3 调查过程

如果国家期货协会发现严重的或重复的违反国家期货协会规则的行为，这些违法行为将会引起国家期货协会执法部门注意。一旦作出决定适于诉讼，国家期货协会执法部门就会开始调查。如果在调查中找到足量证据，就会向商业行为委员会提出诉讼建议。

一般情况下，如果有违法行为的证据，就会给商业行为委员会发去一份报告，建议商业行为委员会对这些有成员身份的公司和/或个人发起诉讼。商业行为委员会扮演大陪审团的角色，决定是否应该进行诉讼。类似有大陪审团的案子，商业行为委员会很少会回绝诉讼建议。发给商业行为委员会的报告必须包含：（a）调查开始的原因；（b）起诉状摘要，如果起诉状的结果是调查的开始的话；（c）相关事实；（d）对于商业行为委员会是否应该继续追究该问题的建议。

商业行为委员会会审查这份报告，并在收到报告 30 天内，如果发现：（1）没有合理根据显示违规已经发生，正在发生或将要发生；或者（2）其他原因不需要进行控告（这种情况下商业行为委员会可以亲自或致令他人发出一封警告信），可以选择结束该事件。[①] 如果商业行为委员会有理由认为一项国家期货协会规定正在、已经或将要被违反，且该行为应该予以审判，则还可以选择向违规方发出一份书面的标有日期的起诉书。商业行为委员会发出的起诉书必须：（a）列出每一条据称被违反了的国家期货协会规定；（b）阐明所有组成生成违法的行为或疏忽。国家期货协会之后可以书面建议违规方，即被告：（a）在收到起诉书所标日期的 30 个日历天内，被告必须书面回应国家期货协

---

① 参见国家期货协会手册，国家期货协会规定 3 - 2（c）。调查。

会的起诉；（b）不作出回应将会被视作承认起诉书中的事实和法律结论；（c）对任何指控不作出回应将会被视作承认那项指控；（d）不作出回应将会被视作放弃听证。[1]

10.4　达成和解

国家期货协会规则为国家期货协会的处罚诉讼提供了和解之途。[2]郝思特指出，事实上，绝大多数国家期货协会每年结案的商业行为委员会案件都是在听证之前和解结案的。

国家期货协会规定，在听证委员会主席被任命前，被告的任何和解提议都会被提交至商业行为委员会。在那之后，任何和解提议都会被提交至听证小组。商业行为委员会或听证小组根据自己认为是否合适而选择接受或拒绝提议。国家期货协会也有权利对和解提议发表看法。

如果商业行为委员会或听证小组接受和解提议，他们就会签发一份书面判决，明确列出所有他们有理由认为的正在、已经和将要被违反的每一条国家期货协会规定；任何实施的处罚；以及和解方是否承认或否定任何违规行为。商业行为委员会或听证小组的和解判决会被迅速提交给国家期货协会主席并在判决日期后 15 天内成为具有约束力的最终决定，除非主席在通知所有各方的前提下将问题移交给国家期货协会申诉委员会审核。申诉委员会必须在移交日期后 30 天内决定批准或不批准该和解，并在作出该决定后 15 天内成为具有约束力的最终决定。[3]

10.5　听证小组和听证委员会

如果未达成和解，被告会被给予一次关于他们的指控和可能的处

---

[1]　参见国家期货协会手册，国家期货协会规定 3 - 4。控诉通知。

[2]　参见国家期货协会手册，国家期货协会规定 3 - 11。达成和解。

[3]　参见国家期货协会手册，国家期货协会规定 3 - 11（b）。达成和解。

罚的听证会。听证将会在听证委员会指定的听证小组（简称"听证小组"）面前举行。郝思特表示，国家期货协会听证委员会由至少15位人员组成，他们可以是国家期货协会成员、与国家期货协会成员相关人员（例如国家期货协会成员公司的员工）或公众。听证小组成员由国家期货协会主席提议，由国家期货协会董事会批准任命。这些提议并被任命的人选必须能够反映国家期货协会成员和公众的多样性，并满足国家期货协会708规章制度的一些特殊资格要求（例如，前10年内不能被判犯有重罪或现在仍处于成员和/或关联者的责任诉讼的管制）。听证委员会必须至少有三分之一的成员不是国家期货协会成员、相关成员或国家期货协会成员的员工。听证委员会的每一位成员任职期为三年，或直至成员的死亡、辞职、不适任和免职。若听证小组成员自己或有关联的人在当前案件中存在经济利益、个人利益或其他直接利益，或不符合国家期货协会708规章制度的资格要求，则不得参与。听证小组必须至少包括三位听证委员会成员。

10.6　听证过程

被告有资格在听证前检查国家期货协会已拥有的或国家期货协会将依赖并已经控制的或与起诉相关的所有证据。[1] 另外，国家期货协会"有权利依据习惯法和法律所赋特权（例如律师－代理人特权、工作成果特权），拒绝提供享有相应特权的材料（包括但不限于调查报告）"。[2] 若希望在听证会前进行检查，被告需提供一份书面申请。被告可以选择在国家期货协会办公处检查所有证据或要求国家期货协会将所有证据的复印件寄送跟自己，任何运输和复印费用由自己承担。[3]

---

① 参见国家期货协会手册，国家期货协会规定3-8（a）听证前的程序。
② 参见国家期货协会手册，国家期货协会规定3-8（a）（iii）听证前的程序。
③ 参见国家期货协会手册，国家期货协会规定3-8（a）听证前的程序。

郝思特表示，国家期货协会规定还提供了听证前的动议申请。[①] 特别地，听证小组主席就职 30 天内，他或她会组织一场各方都参与的听证前会议。在会上（通常采取电话的方式），主席会安排听证事宜并规定证据开示和动议截止期限。主席负责决定所有关乎展示、动议截止期限、听证地点、延期、电话或视频作证申请的听证前动议。此外，任何有关延期的动议必须由宣誓书支持，宣誓书需对申请延期的背景进行详尽描述。所有其他动议由听证小组决定。

郝思特指出，证据开示和延期动议在国家期货协会惩戒性诉讼中比较常见。然而，虽然驳回或即决审判的动议是被允许的，向国家期货协会申请这样的动议则十分罕见。

听证时，关于证据的正式法规并不一定总会适用。被告有权利亲自出庭、检查任何证人、传唤证人和提供相关证词及其他证据。经过听证小组的裁定，任意与会方都可以要求一名国家期货协会成员，关联者或与事件相关的人在庭上作证或提供材料。[②]

郝思特认为，国家期货协会惩戒性案件的一个独特之处在于，听证小组认可下，被告可以申请自己或证人在听证会上电话作证。除此之外，他还指出，因为国家期货协会惩戒性案件的和解率很高，国家期货协会的听证会相对稀少，每年平均只有两三个。最高纪录是 2010 年，共组织了九次听证。

10.7　听证后的书面裁定

听证结束后，听证小组会根据下列证据权重作出一份书面裁定，包括：（a）指控或指控概要；（b）被告答复；（c）听证上出现的证据的简要概述；（d）对于每一项指控的调查结果和结论的陈述，包含一份用来展示被告被发现已经承担的或忽略的行为或实践的陈述，每一条

---

① 参见国家期货协会手册，国家期货协会规定 3 - 8（c）听证前的程序。
② 参见国家期货协会手册，国家期货协会规定 3 - 9（d）听证。

此类行为或实践所违反的国家期货协会的规定，以及这些行为或实践是否被认为不符交易的公平公正原则；（e）宣布决定的任何处罚及处罚生效日期；（f）一个声明，表示被告可以在决策日期后 15 内向国家期货协会提交一份书面上诉通知，向上诉委员会申诉要求相反的裁定。①

10.8　申诉相反裁定

被告可以在判决决定后 15 内向国家期货协会提交一份书面上诉通知，向上诉委员会申诉要求与听证小组裁定相反的判决。通知中必须描述惩戒性行动的哪些方面可以采取抗辩，并必须包括被告对于提供书面或口头辩论的任何要求。上诉委员会也可能基于其自身动议或依据国家期货协会要求下令重审听证小组做出的裁决。如果被告提出了上诉通知，判决必须等到上诉委员会作出判决后才可以生效。②

如果申诉委员会批准书面辩论，则双方需要提供案件辩护要点。上诉委员会然后会发布一个书面决定，其中必须包括：（a）上诉委员会在复审中针对每一项指控和处罚的调查结果和结论，包括听证小组发现的被告已经、正在、或将要违反的具体国家期货协会规定；（b）上诉委员会宣布将要实施的任何处罚，实施处罚的基础及其生效时间。

上诉委员会的判决在送达各方 30 天后将变成最终结果，受商品期货交易委员会的复查。此外，申诉委员会有权增加，减少或撤销听证小组裁决的处罚，或根据国家期货协会 3 - 14（a）规则的要求和限制，采取其他的它认为合适的不同处罚。郝思特表示，在向国家期货协会提出上诉失败后，国家期货协会惩戒性案件中的被告可能继续向商品期货交易委员会上诉要求相反判决，并最终向联邦法院申诉——虽然很少出现这种情况。

---

① 参见国家期货协会手册，国家期货协会规定 3 - 10。决定。
② 参见国家期货协会手册，国家期货协会规定 3 - 13。申诉；复审。

10.9　成员责任诉讼（MRA）程序

郝思特认为，成员责任诉讼是一种简易诉讼，主要是指：国家期货协会成员或（非正式会员）可能被即刻暂停成员资格或和成员的联系；可能被限制业务（例如，被限制接受新账户）；或者可能被要求采取矫正措施（例如注入额外资本）。

如果采取成员责任诉讼，被告通常在采取行动前接到通知，通知内容包括：（a）采取或将要采取的诉讼行动；（b）采取诉讼行动的原因；（c）诉讼行动生效的时间、日期、持续期限；（d）任何对此诉讼行动感觉不公的人都可以请愿推迟行动生效日期直至听证后的声明。如果在成员责任诉讼前无法举行听证，这些成员或非正式成员将有机会尽早在听证委员会前进行一场听证。[①]在成员责任诉讼中没有证据开示。

听证过后，听证小组会根据诉讼记录中包含的证据发布一份书面裁决，维持、修改或撤销采取的行动。该裁决必须包括：（a）对采取的诉讼行动及其原因的描述；（b）对听证中出现的证据进行简要概括；（c）调查结果和结论；（d）关于简要诉讼是否需要被维持、修改或撤销的决定，以及对由此决定导致的针对被告的所采取的任何行动的声明。被告没有权利向上诉委员会就成员责任诉讼行动进行上诉。[②]

10.10　国家期货协会确定处罚的类型

在惩戒性诉讼过程中可以被确定的处罚类型如下：（a）取消或一段时期内暂停国家期货协会会员资格；（b）禁止或一段时期内暂停与国家期货协会会员的联系；（c）谴责或训诫；（d）罚款处分，每项违规的罚款不超过25万美元；（e）永久或临时禁令；（f）任何其他适当

---

① 参见国家期货协会手册，国家期货协会规定3-15。成员或准成员纪律性诉讼。
② 参见如上。

的处罚或矫正措施。[①]

商业行为委员会，听证委员会，上诉委员会和商业行为委员会听证小组在进行诉讼时必须包括至少一名成员，他不是国家期货协会成员、非正式成员或国家期货协会成员的雇员。[②]

10.11　惩戒处分的数量和种类

根据郝思特，国家期货协会每年平均发布大约 40 个惩戒性诉讼和 7 个成员责任诉讼/非正式成员责任诉讼（MRA/ARA）。过去十年里（2005—2014），国家期货协会共进行了超过 400 个诉讼和 65 个成员责任诉讼/非正式成员责任诉讼 MRA/ARA。国家期货协会在 2014 年采取的惩戒性诉讼包括了欺诈赔偿或虚假陈述，例如：

- 承认欺诈；在没有书面授权的前提下自行处理顾客账户
- 故意向基金参与者提供误导性信息
- 谎报资产管理规模
- 向公众提供误导性信息
- 参与欺骗性、误导性和强迫性销售宣传

2014 年，国家期货协会还处理了一些与未能向国家期货协会提供要求的文件和拒绝配合国家期货协会工作的相关案件，诸如如下的指责：

- 故意提交给国家期货协会误导性信息
- 在国家期货协会检查期间未能及时和充分配合
- 向国家期货协会提供虚假信息
- 未能完成国家期货协会的自检清单
- 在披露文件中省略了必要内容
- 未能上报申请信息发生的变动

---

① 参见国家期货协会手册，国家期货协会规定 3 - 14。处罚。
② 参见国家期货协会手册，国家期货协会规定 3 - 17。委员会组成人员。

- 未能及时电函通知国家期货协会有关缺陷的信息
- 未能及时向国家期货协会上报交易数据和其他要求信息
- 未能向国家期货协会提交一份基金披露文件或年度财务报表

国家期货协会还起诉了未能执行要求项目或开发授权计划和政策的行为，包括：

- 因为没有对公司反洗钱项目进行年度独立审计或开展反洗钱培训，而未能执行充分的反洗钱项目
- 未能设立一个足够的职业道德培训相关的程序
- 未能开发一个企业持续发展/灾难恢复计划
- 未能开发和保持一个隐私政策

2014 年国家期货协会的诉讼主张还针对促销宣传材料的相关事宜，例如：

- 未能在宣传材料中表明历史结果并不一定能反映未来结果
- 没有指明结果是假定结果或存在真实结果时，使用假定交易结果
- 未能向客户提供经过核准的披露文件

其他诉讼行动是因为未能满足国家期货协会的基本要求，例如：

- 和被要求注册为商品期货交易委员会会员的非国家期货协会成员进行交易
- 未能保持足够的账簿和记录
- 允许商品基金向其商品基金经理提供贷款和预付款
- 允许某人担任关联人（"AP"），而没有提议此人成为公司的关联人
- 未能解任关联人
- 未能及时计算资本净值
- 未能保持要求的调整后资本净值的最低标准
- 未能遵循股权退出限制

- 未能保持准确的财务记录
- 未能为介绍给外籍经纪人的客户执行足够的客户识别计划
- 和被暂时停职的非正式会员进行期货业务
- 未能向基金参与者提供财务报表
- 未能满足首席产品官（CPO）的季度报告要求
- 与未注册实体或停职的国家期货协会非正式成员进行交易
- 试图隐藏来自未上市委托人的出资
- 未能满足公司的保证金额要求

在大部分这样的诉讼中，国家期货协会和被告都可以达成和解。同意的和解条件或听证后的调查结果包括：

- 罚款，区间为 5000 美元到 50000 美元
- 向客户支付超过 10 万美元的赔偿的命令
- 永久不得享有国家期货协会成员资格
- 暂时撤销国家期货协会成员资格，被告在一定期限内不能重新申请
- 一年内不得管理任何授权账户或进行监管工作的命令
- 一年内需要记录所有与现在或潜在客户的谈话，保留录音一年，如果国家期货协会有所要求需要提供记录的命令

10.12 国家期货协会执法的发展趋势

郝思特指出，过去大部分国家期货协会的惩戒性案件涉及由核心办公室采取的欺诈性、误导性宣传和销售，很多活动主要集中在佛罗里达州南部。很大程度上，这些核心办公室的非法经营已经无法继续进行，或已经从期货行业迁移到了其他领域。近些年，国家期货协会的惩戒性案件则更关注操纵性交易推荐，与外汇交易平台相关的不合适的定价行为，商品基金给其基金经理的非法贷款，成员公司松懈的内部控制以及低效的反洗钱程序和实践。

10.13　准备辩护

依本人看来，因为国家期货协会一年中并不会提出过多诉讼，国家
期货协会执法诉讼中的被告可以利用很多资源帮助自己准备辩护。在
经验丰富的顾问的协助下，研究调查以往国家期货协会行动将会十分
有助于理解国家期货协会调查员的策略和方式。理解国家期货协会处
理的各种类型案件并将这些信息融入到公司的合规计划甚至会有利于
直接避免当事人成为国家期货协会执法行动中的被告。

第十一章 如何参与监管评价过程

虽然公司和企业面临着无数的往往重叠的监管法规，对于检查和执法行动通常呈现出防御的姿态，但是公司仍然能够采取积极主动的措施，努力改变监管指导原则以协助其企业或者减少他们的责任。这有时可以通过评价监管规则制定的过程来实现。

11.1 《多德—弗兰克法案》制定

根据《多德—弗兰克法案》，包括证券交易委员会和商品期货交易委员会在内的联邦机构被授权颁布了数百条规则，使得《多德—弗兰克法案》生效，并决定法令的目的以及如何实施。这些规则许多有数百页长，具有法律效力，并且与成文法直接颁布的法规具有一样的约束力。

在大部分情况下，规则制定过程是透明的。允许感兴趣的个人和公司影响这个过程，他们可以向监管机构提供评价以解决规则中包含的问题。此外，一旦一项规则最终定稿，相关群体可以起诉颁布机构武断行事，违反程序要求，或是超出其法定权限。

11.2 证券交易委员会规则制定过程

证券交易委员会的规则制定过程包含以下3个步骤：概念披露，规则提案和规则采纳。虽然规则制定过程通常从规则提案开始，但偶尔存在非常独特、复杂的个例，以至于证券交易委员会需要寻求公众意见来判断哪个监管方法是适当的。在这些情况下，首先，概念披露的实行既描述了感兴趣的领域和证券交易委员会的关注点，又明确了解决问题的不同方式，以及伴随着的一系列征询公众观点的问题。当证券交易委员会确定选用哪个方式合适时，就会考虑公众的反馈意见。

其次，证券交易委员会会公布一份详细正式的规则提案，征求公众的意见。不同于概念披露，规则提案深化了实现提案的具体目标和方法。通常证券交易委员会提供30至60天的审查和评价时间。与概念披露相同，当证券交易委员会确定如何形成最终规则时，公众评价会纳入考虑。

最后，证券交易委员会会考虑它在提案的公开披露中的收获了什么，并且力求最终规则的细节上能够达成一致。如果证券交易委员会采纳了最终规则，这个规则将成为管理证券行业的官方规则的一部分。①

杰伊·奈特（Jay Knight）是 Bass，Berry & Sims 律师事务所的合伙人，他的法律实践包括为公司提供监管报告事务的咨询，以及曾经在证券交易委员会的公司财务部门担任多个职位，例如证券交易委员会多德—弗兰克执行小组的成员，他在小组中领导一组的律师、经济学家和会计师，负责落实《多德—弗兰克法案》规则制定项目，他相信评价意见书对于监管事项可以非常有效。奈特提到，他在证券交易委员会工作期间曾参与规则制定，证券交易委员会的官员非常重视评论者对于问题的看法。他认为他收到的评价对于形成最终规则具有巨大的帮助。奈特进一步指出，他经常看到基于公众意见的规则终稿的变化，并且指出特别是在证券交易委员会，在证券交易委员会的法规终稿会有大量的脚注引用了评论来信，这又表明所作的修订通常反映了大多数评论者所表达的观点。

11.3 供评价的候选者

奈特指出，概念披露和规则提案是首选的供评价的候选者。奈特解

---

① 详见 http：//www.sec.gov/about/whatwedo.shtml#.VK6x09hOW70.

释道，当一条概念发布出来，意味着机构希望更多地了解某一特定领域。在这种情况下，机构认为在这一领域需要制定规则，但是试图从公众获得拟定规则应该如何反馈信息。机构在这种披露的重中之重是寻求对特定主题的公众意见，因而他们对于公众评价的处理是老练成熟的。此外，根据奈特的说法，规则提案本身（也被一些联邦机构称为提议规则制定通知（"NPR"）①），是最常见的征询公众意见的方式。

11.4   同业公会在评价过程中的角色

一些公司利用同业公会代表他们对于共同关心的问题提出意见。奈特解释说，一些公司喜欢同业公会提供大量意见所带来的舒适感，这样他们既可以表达出他们的观点，又不会凸显出来。在这种情况下，公司仍然能够得到行业中其他企业提出的集体利益。然而，奈特建议，如果一家公司对于某个问题有真知灼见，并且他们不认为这会给公司的声誉造成负面影响，那么公司可以在这个问题上脱颖而出，单独提交意见书。此外，同业公会可能会提出一个折中的意见，因为他代表了行业中许多公司的观点。因此如果公司担心其主张被过于削弱或折中，奈特建议公司提交自己的意见书，并与机构成员单独讨论。奈特不相信公司在一般情况下提出其自己的意见具有实际的风险，在他阅读过的数千条意见书中，他从未见过任何公司因其意见而受到关注或是危害。

奈特指出，无论通过同业公会提供或只是一些感兴趣的各方共同撰写意见书，通常比公司个体提出意见评价更受重视。然而，感兴趣各方提交意见书的方式非常普遍，并且对于机构很有帮助。更进一步，奈特解释说机构的最终规则可能会被某些个体意见所影响，因为这些个体意见也可能非常具有说服力。

同业公会的成员们经常向机构提交打印信件，以显示许多不同的

---

① 通常，银行监管者使用 NPR 术语，而 SEC 把规则制定称为"拟议规则"或者"提议披露"。

人在规则制定中支持某种立场。奈特表示，除了规则制定涉及的机构外，如果这些打印信函还递交给国会官员，它们有时可能会产生额外的影响。向议员或参议员办公室递送数百甚至数千份打印信函能够显示，大量代表选民非常关注某一主题。这可能会给机构施加政治压力，从而影响规则制定。奈特提出，证券交易委员会的主席收到来自一个甚至多个参议员或者国会议员的关于某一特定规则制定的意见书的情况并不罕见。他解释道，许多规则制定是国会授权证券交易委员会公布的，正如同许多管制规则实现了《多德—弗兰克法案》一样。因此，国会成员可能试图影响证券交易委员会对于规则制定的决定，并且政治因素可能根据情况影响证券交易委员会颁布的最终规则。所以，同业公会向国会的相关兴趣方提供向监管机构提交的意见副本是可取的。

一封意见书应始终包括位于文件顶部的监管提案的案卷编号，以及可能含有一份关于公司规模、位置和业务活动的介绍，并且解释了公司和拟议规则之间的关系。

11.5　意见书的内容

奈特建议，如果意见书特别长，并且涵盖了规则制定中许多不同的问题，搞一个综合摘要是有益的。如果意见书相对较短，例如少于五页，则不需要摘要。奈特解释说，不论长短，像证券交易委员会这样的监管机构都会阅读整个意见书。事实上，通常至少会有两个人阅读每一份提交的意见书。一般情况下，奈特解释道，通常会有一到两个人是"员工层四分卫"，即在某个特定规则制定中起领导作用的人。"员工层四分卫"和他/她的同事将会总结所有提交的意见书。如果某份意见书被视为特别重要，机构的高级官员也将会阅读它。如果与一个评论者进行了会面，该评论者的意见书很可能会被所有参会人员阅读。对于某些规则的制定，证券交易委员会会有多达 15 名工作人员负责审查意见和起草规则。证券交易委员会通常也拥有针对特定法规的内部的经济学家、会计师和其他专家。

奈特还解释道，他认为一封评论信并没有最低或最高字数要求。但是，他建议在通常情况下提交的意见信尽可能简明、清晰。他见过写得像诉讼案情摘要的意见信，要点被一遍又一遍提及。他忠告评论者设法尽快切入主题，因为要理解机构官员需要阅读没有上千也有几百封意见信的情况。奈特认为，如果一封意见信为了篇幅长度而包含多余冗词，对任何人都没有好处。奈特也提出，评论者需要记住的是，机构官员可能并不如评论者一般了解他们的业务，因此，如果评论者能够基于读者并没有在相关行业的工作经验这样假设，从而在信中简单介绍问题将再好不过。举例来说，在某些情况下，一个公司如果能够在意见信中阐明其内部结构就很有帮助。此外，奈特建议随意见信附上一张解释图表或者其他说明对于解释复杂的概念会有用的。

奈特解释道，其实并不需要评论者回应概念披露中的每一个问题。如果一个概念披露里有 100 个问题，评论者只对其中的两个或者三个有兴趣，那么评论者只需要回答这几个问题。奈特还建议如果概念披露或是规则提案包含了特定的问题，则评论家以问/答形式来特别的回应会很有帮助，有助于机构工作人员更容易地理解所提交的意见。评论者还应该清楚评论者同意什么观点和评论者不同意哪些观点。

同样的，奈特建议评论者把重点放在他们最关心，影响他们最深的问题上。如果一个规则制定包含十个问题，并且评论者实际上对所有十个问题都很关心，评论者应该会尽一切办法对这十个问题都进行评价。但是，如果实际只有四个是评论者真正关心的，或是对评论者的业务产生影响的，那么就只需要提出这四个问题。

奈特认为，当评论者观点恰当时，评论者在提交的稿件中附加一些积极反馈也是很好的举措。虽然并不要求对评论者赞成的所有观点都"欢呼喝彩"，当机构员工决定是否需要在最终版本中保留规则的某个特定部分时，他们会衡量哪些人赞成和哪些人反对。奈特指出，如果每一个反对规则中某一特定部分的人都表明自己的反对立场，而赞同这部分的人并没有明确表示他们同意，因为他们认为"哦，我们赞同，所以我们不用特意说出来"，这可能会导致机构人员没能全面、准确地收集到公众信息。因此，如果一个评论者赞同提出的规则的某一部分或者某一章节，他（她）就有必要在提交的时候明确指出来。

奈特指出，对一个尚在讨论的拟议规则里的概念提供可供选择的解决方法也能帮助到管制者。他注意到撰写规则的机构官员不能独断专行就是在以最佳的方式实现最终结果。因此，如果评论者提供了比呈现在规则提案中更好的方法来实现制定规则的目标，监管者通常会欢迎各种反馈。奈特解释道，从机构的角度来说，所有的选项都是公开的，如果有某个特点使得规则制定从行业角度更容易实施，这个信息就会吸引机构人员的注意。奈特解说道，由于相比最初版本披露了更多选项和可能性，他曾参与的每一项规则制定都在某种程度上有了改进。在这些例子中，行业代表找到证券交易委员会，表示"我们觉得我们知道你们想要的结果。我们认为在规则背后有另外一种方法能够实现目标"。

奈特指出在意见提交中尝试驳斥反方支持者的观点也是有益的。奈特注意到，很多时候这并不容易，因为许多评论者总是等到最后一天才提交意见。但是，如果我们知道了反方观点，就应该予以强调，因为我们并不想只讨论自己的观点而忽略反方的意见。当反驳对方的时候，运用审慎的言辞避免政治性华丽言论是很重要的。机构不喜欢粗野的结论，如果该言辞被认定为贬低对方观点或是评论者，那么该意见将大大失去其说服力。

11.6　达成有效意见书的方法

为了提出一个具有说服力的意见，评论者可以采取很多个不同的方法。你可以将意见与特定经济影响结合，比如失业，或者你可以提出更具政策性的或者理论性的论证。奈特认为根据不同的情况，这两种方法都是非常有效的。他特别提出，在过去的几年中，规则制定尤其重视经济影响。因此，规则中关于经济影响的信息可能是非常有帮助的，特别是拥有支持观点的数据的时候。奈特指出，这些论证和数据对于经常制定规则的经济学家具有很大的用处和说服力。他解释说，过去制定规则时，关于经济影响的讨论被放在机构对意见的回复的后面。近年来，规则的影响，特别是对于经济的影响才被纳入制定政策的讨论中。

11.7　拟议规则的经济影响的重要性

在过去的几年中，金融机构更多考虑了拟议规则的经济影响，尤其是落实《多德—弗兰克法案》规则，部分原因在于来自国会的压力和成功诉讼给实施规则带来的挑战。当我担任证券交易委员会监察长时，国会委员会要求我在不止一种情况下分析证券交易委员会是否将经济影响适当地引入落实《多德—弗兰克法案》的规则中。我们在商品期货交易委员会和其他金融机构的同行们也需要进行这样的分析。

在一次我的办公室审查中，我发现在制定规则时，证券交易委员会对于成本效益分析的定量讨论范围变化很大。并且在我们审查的部分中，没有一个规则制定试图量化《文书削减法》[①] 要求的除了信息采集成本以外的利益或成本。我们还发现证券交易委员会《多德—弗兰克法案》的一些规则制定，对于监管行为的正当理由缺乏清晰明确的解释。[②] 我还在数次国会听证会上证实了，机构多大程度将《多德—弗兰克法案》实施规则的经济影响因素纳入到它们的决策考虑。

---

① 《文书削减法》（44 U.S.C. 3501 – 3520）（美国法典第 44 卷 3501 – 3520 页）（咨询过学法律的朋友，这个检索号一般不翻译成中文。）要求机构根据拟议规则的"信息采集"要求，征求和审查公众意见，并且要求机构评估信息采集的需求，提供一份具体客观的评估报告，说明规则给信息采集带来的负担。

② 查看完整的监察长办公室报告，请访问 http://www.sec.gov/about/offices/oig/reports/audits/2012/rpt499_followupreviewofd – f_costbenefitanalyses_508.pdf。

此外，企业集团在缺乏经济分析的基础上，成功挑战了证券交易委员会的规则。例如，2011 年，联邦上诉法院使得证券交易委员会的代理人参与规则失效，这项规则允许符合条件的股东在公司的代理材料中指定提名董事。美国商会和商业圆桌会议提出了挑战这一规则的诉讼，并且在哥伦比亚特区美国上诉法院的由三名法官组成的合议庭发现，证券交易委员会制定该规则的成本和收益时具有不一致性和投机性，不仅未能充分量化特定成本，或者解释这些成本不能充分量化的原因，还武断地不去评估某一方利用该规则可能对公司带来的成本。①

当把规则的经济或财务影响的信息包含在内时，纳入公司相关的财务信息，例如实施规则的特定成本，是有帮助的。奈特建议在这种情况下，引入一些相对比例来说明实施公司的具体负担。由于《文书削减法》在所有规则制定中要求机构提出正在提议规则的特定负担的理由，所以用具体数字量化这些负担就变得非常重要。奈特指出，从监管者角度看，这样的好处在于说明了员工首推这个规则的理由。监管者也懂得显而易见每次规则制定都有成本。但是，奈特解释说这在实践中可以大大提高决策者对于规则的真实成本的理解，虽然是通过实际数字或计算的形式，甚至只是一个范围或估计。

尽可能详细地描述监管带来的负担也是非常有益的。你可以加入一些信息，说明监管的实施可能导致公司的额外资源消耗，诸如人力时间、设备、培训、记录保存，或者只是简单的改变公司流程以服从监管，而并不会向监管目标推进。这些额外负担应转化为具体成本，包括为了合规支付给雇员的薪金或工资的具体数额，以及新设备和人力、培训、纪录保持等的具体的额外费用。

除了关于公司成本的特定信息之外，最理想的情况是再提供整个行业的数据，如果这些信息可以获得的话。然而，奈特指出一般很难量

---

① 查看完整的华盛顿特区巡回法庭判决，请访问 http://www.cadc.uscourts.gov/internet/opinions.nsf/89BE4D084BA5EBDA852578D5004FBBBE/ $ file/10 – 1305 – 1320103. pdf.

化规则的影响，并且有时研究可能受过多的假设条件所影响，从而对监管者不再认为有用。

11.8　要求与机构官员会晤

除了提交评价意见，奈特指出各兴趣相关方会希望请求安排与机构官员举行关于规则制定的会议，以期进一步阐明其立场。奈特指出会议形式相当普遍，并且通常安排在评价期结束后。奈特建议评论者呼吁拟议规则指定的机构工作人员，询问他们是否有空参加一个大约 30 分钟到 1 小时的简短会议。奈特解释说这些会议将成为公共记录的一部分，并且机构工作人员会撰写一份一页的会议备忘录，描述会议中都发生了什么，并将其发布在证券交易委员会讨论规则制定的网页上。此外，如果有人向工作人员提交并留下了幻灯片或书面材料，这些材料也将会和会议备忘录一起被公布在证券交易委员会网站上。

奈特提到，如果提交者不希望公开披露书面材料，那么可以在会议讨论时提交这份资料，但是会议结束前收回资料。最好在会后与工作人员核对书面提交意见，尤其在会议中表达的立场区别于之前提交的意见书的情况下。机构工作人员通常不能仅仅依据口头意见，因此，除了意见书中的立场，其他实质性的观点必须以书面形式提交以供审议。

会议也可以由高级别的机构官员召开，包括专员或委员会工作人员。

11.9　延期提交意见

奈特指出，即使错过了提交针对拟议规则的意见评价的时间，人们仍然可以提交一份意见书，只要在证券交易委员会行动之前被收到，这份意见仍然很有可能被考虑。例如，证券交易委员会的一般政策是考虑公众提供的任何内容，直到最终规则发布之日为止。

11.10　获悉规则制定

奈特提出，公司可以获悉能够影响他们的监管方面的规则制定，获悉途径是同业公会或监测监管者的律师事务所，告知他们在行业中的客户或潜在客户有关规则制定的信息。他还建议内部法律顾问掌握最新的规则制定，并且监控新发布所带来的提供意见的机会。

11.11　外部律师援助

奈特还建议在特定情况下，公司保留那些对于监管过程或正准备公布的规则具有丰富经验的外部律师，以协助准备意见书。奈特解释道，外部律师在起草规则的特定监管语言方面可能非常有效，能与公司立场达成一致。如果公司正提出一个新的选择给监管者，为监管者提供一个在最终规则中使用的明确的语言，将具有很大帮助。律师还可以在意见书草案提交前协助审查。

第十二章　如何应对
《反海外腐败法》诉讼

国会在 1977 年颁布了美国《反海外腐败法》（FCPA），以回应美国公司贿赂外国官员事件的披露。① 《反海外腐败法》旨在促进国际交易的透明度，尤其是企业和政府间交易，该法案在历史上对公司和越来越多的企业代表个人带来了严厉的处罚。

根据《反海外腐败法》，即使子公司在国外违法，在美国经营的公司同样需要承担法律责任。此外，《反海外腐败法》甚至使得组织对其第三方代理的行为负责。该法案是美国司法部和证券交易委员会最重视的执法领域之一，公司的应诉辩护非常具有挑战性。

12.1　《反海外腐败法》条款

《反海外腐败法》涵盖了反贿赂和会计的条款。反贿赂条款禁止向外国官员、党派或候选人行贿以获得、保有业务，或是保护其不正常的有利条件。会计条款要求公司制定和保存准确的账簿和记录，并且设计和维护一个完善的内部会计控制系统。会计条款还禁止个人和企业故意篡改账簿和记录，或是故意避开或不实行内部控制系统。

12.2　《反海外腐败法》执法机构

司法部和证券交易委员会共同拥有《反海外腐败法》的执行权。②

---

① 15 U. S. C. § § 78dd - 1, et seq.

② 详见 http：//www. justice. gov/criminal/fraud/fcpa/guidance/guide. pdf.

对于上市公司及其高层、董事、雇员、代理人或股东代表，司法部具有《反海外腐败法》的刑事执法权。根据《反海外腐败法》的反贿赂条款，司法部对于美国公民、美国企业及其高层、董事、雇员、代理人或股东代表，以及外国公民和企业在美国境内从事了违背《反海外腐败法》的行为，可以追究其刑事和民事责任。在司法部内，刑事法院欺诈分部主要负责有关《反海外腐败法》的事务。

对于上市公司及其高层、董事、雇员、代理人或股东代表，证券交易委员会具有《反海外腐败法》的民事执法权。证券交易委员会执法部负责调查和起诉违反《反海外腐败法》的行为。2010 年，证券交易委员会执法部成立了特殊反海外腐败法小组，在华盛顿哥伦比亚特区和全国各区域办事处设立律师，专门执行《反海外腐败法》。①

司法部的反海外腐败法小组定期与（美）联邦调查局（FBI）一起调查潜在的违背《反海外腐败法》的行为。FBI 的国际反腐小组主要负责国际腐败和欺诈调查，并且协助 FBI 的国内反海外腐败法执法项目。FBI 还有一个由 FBI 探员组成的反海外腐败法专门小组，负责调查 FBI 有关《反海外腐败法》的事件。此外，国土安全部和国家税务局的刑事调查处定期调查潜在的违反《反海外腐败法》的行为。②

12.3　违反《反海外腐败法》

违反《反海外腐败法》的反贿赂禁令包括以下几个要点：

- 支付、提供、授权或承诺向外国政府官员或其他任何人支付或提供金钱或任何有价值的事物……
  - 知道支付或承诺将会转移至外国官员……

---

① 详见 http：//www. sec. gov/news/press/2010/2010 – 5. htm.
② 参见美国《反海外腐败法》的资源指南，来自于美国司法部刑事司和美国证券交易委员会的执法部，2012 年 11 月 14 日，请访问 http：//www. justice. gov/criminal/fraud/fcpa/guidance/guide. pdf.

● 具有腐败的意图

● 为协助公司获得或保留业务，或将业务交给特定的人，或保障不正常的有利条件。①

《反海外腐败法》的反贿赂条款适用于三类人：（1）发行人；（2）国内利益相关者；（3）美国境内促进腐败支付的其他人。"发行人"指有价证券在美国注册的公司，或需要定期向证券交易委员会提交报告的公司。②"国内利益相关者"指作为美国公民的任何个人，以及主要营业地区在美国的任何公司或实体，或根据美国的各州法律成立的公司或实体。③《反海外腐败法》还适用于在美国领土参与贿赂的个人，不论其是否是居民或是在美国开展业务。美国的公司和国民可能对行贿外国官员承担责任，即使在美国境内没有采取任何行动或决定。

"支付"和"外国官员"的定义非常广泛，几乎包含了能影响一个人与外国政府进行业务往来而赋予某位置的人的所有利益。非货币利益，包括旅行和娱乐也被定义为支付。《反海外腐败法》没有设定货币数量门槛，即使是最小的贿赂也是被禁止的。事实上，贿赂并不是必要实际支付才被认为是违法。而《反海外腐败法》禁止纯粹的开价、授权或承诺支付腐败款项。

12.4 违背《反海外腐败法》的处罚

违背《反海外腐败法》的反贿赂条款会受到严厉的处罚。对于每一项违反《反海外腐败法》反贿赂条款的行为，个人会被处以 5 年以下的监禁，或针对特殊情况处以 20 年以下的监禁。④ 对于公司或其他商业实体，每次违法行为可处以最高 200 万美元的罚金，个人是最高

---

① 15 U.S.C. §§ 78dd－1（a），78dd－2（a），78dd－3（a）.

② 15 U.S.C. § 78dd－1（a）.

③ 15 U.S.C. § 78dd－2（h）（1）.

④ 15 U.S.C. § 78dd－1，§78 et seq.

10 万美元罚金。① 在特殊违法情况下，公司罚金可增至 2500 万美元，个人罚金增至 500 万美元。②

12.5　《反海外腐败法》的豁免

《反海外腐败法》内有许多条款规定，一些特殊行为豁免于反贿赂条款。《反海外腐败法》并没有禁止为了使外国官员履行"例行政府行为"的目的而向其支付"加速费"的行为。③"加速费"和贿赂之间通常很难区分。对于因"例行政府行为"支付外国官员，例如处理文件或签发许可证，以促进他们加快他们已经在履行的应尽义务，并且这些支付并不是意在影响官员行为的结果，只是时机敏感，这种情况下通常也被认为是合法的"加速费"。

《反海外腐败法》也没有禁止符合外国官员本国成文法和法规的支付。④《反海外腐败法》还进一步提出，如果被指控的人能够证明被质疑的款项在某些情况下是"合理的真正的支出，例如旅行和住宿费用"，则没有违反法规。⑤

12.6　司法部/证券交易委员会指南

2012 年 11 月，美国司法部（DOJ）和证券交易委员会（SEC）发布了《反海外腐败法》关于刑事和民事执行条款的指南。⑥ 这份指南共包含 10 章，其中提到反海外腐败法的反贿赂条款和会计条款，美国其他相关法律，执法的基本原则，处罚、制裁、救济，决议，举报。除此

---

① 15 U.S.C. § 78dd－1 et seq.

② 15 U.S.C. § 78ff（a）.

③ 15 U.S.C. § § 78dd－1（b），78dd－2（b），78dd－3（b）.

④ U.S.C. § § 78dd－1（c）（1），78dd－2（c）（1），78dd－3（c）（1）.

⑤ U.S.C. § § 78dd－1（c）（2），78dd－2（c）（2），78dd－3（c）（2）.

⑥ 参见美国《反海外腐败法》的资源指南，来自于美国司法部刑事司和美国证券交易委员会的执法部，2012 年 11 月 14 日，请访问 http://www.justice.gov/criminal/fraud/fcpa/guidance/guide.pdf.

之外，指南还包括假说和实际执法的案例，处理一系列关于《反海外腐败法》问题时的影响因素和危险信号列表。

指南强调司法部和证券交易委员会重视一个强有力的公司合规计划的重要性。该指南列举了如下 10 条"有效合规计划的特征"：

- 高级管理层的承诺和表述清楚的反腐败政策。
- 一套行为规范、合规政策和程序。
- 监督合规计划的人应有适当的组织内权利和充足的资源来保证合规计划的实施。
- 风险评估。
- 对整个组织进行《反海外腐败法》政策和程序的培训。
- 惩戒程序和激励机制。
- 第三方尽职调查。
- 不当行为保密报告机制的建立，以及对于指控的内部调查，以引起公司注意。
- 通过定期测试和审查实现持续改进。
- 对于兼并和收购进行的收购前的尽职调查和收购后的整合。

指南中也阐释了在《反海外腐败法》中被认为不恰当的支付类型。例如一个指南中给出的一个不当支付案例，政府官员的生日旅行高达 12000 美元，其中包括参观酒厂和晚餐的费用；价值 1 万美元的晚餐，美酒和娱乐；为 8 个政府官员提供的意大利之旅以及每人 1000 美元的零花钱；以及为官员及其配偶提供的囊括游玩项目和专车司机的巴黎之行。尽管《反海外腐败法》并没有设定微小的货币门槛，该指南解释道，这些礼品的票面价值（例如出租车费或宣传产品）不大可能影响外国官员的行为，除非刻意为之。

指南还讨论了在《反海外腐败法》中为推动例行政府行为而产生的"加速费"的豁免情况。其中提供了例行政府行为的几个例子，在这些情况下"加速费"豁免就可以适用。例如处理签证，提供警察保护或邮政服务，以及提供电话、电力、水等公用事业服务。该指南特别提出，例行政府行为不包括决定是否开展新业务或继续与某一特定方开展业务。

该指南还解释一笔支付能否判定为"加速费"豁免，并不依赖于支付数量的大小。尽管指南指出支付规模还是能说明一定问题，就如大额支付更多暗示了试图影响非例行政府行为的腐败意图。它强调了"加速费"豁免更多在于其目的而非票面价值。指南还指出了在公司账本和财务记录上将贿赂标定为"加速费"并不能使之合法化。它进一步警告了，尽管"加速费"在《反海外腐败法》中并不违法，但它仍可能违反了公司经营所在地的当地法律。

指南还指出采用一个有效的《反海外腐败法》计划并不能保证可以保护公司免受执法行动。然而，指南描述到当《反海外腐败法》问题出现时，政府承诺对于自我报告、提供合作和修正的组织提供优惠待遇。指南提到将会奖励对违法行为进行自愿和及时的披露的公司。指南列举了对自愿披露违法行为，规范员工职责，审查合规情况的公司，并不会采取强制执法行动。

12.7　《英国反贿赂法案》

2010 年，英国颁布了其自己的《反海外腐败法》版本，被称为《英国反贿赂法案》。《英国反贿赂法案》禁止政府和私人商业交易的贿赂行为。《英国反贿赂法案》将贿赂定义为，当一个人提供、承诺、或给予他人财物或其他形式的利益，诱导或奖励对方不正当地履行其工作职责。[①]《英国反贿赂法案》所禁止的范围扩展到，个人同意或接受贿赂，以及个人提供或行贿。[②]

此外，如果组织的员工个人贿赂他人，以期为公司获取或保留商业

---

① Section 1, U. K. Bribery Act 2010. （英国反贿赂法案，2010 年，第 1 章）
② Sections 1 and 2, U. K. Bribery Act 2010. （英国反贿赂法案，2010 年，第 1 章和第 2 章）

优势，那么这个商业组织也违反了《英国反贿赂法案》。①针对在境外行贿但具有英国国籍或者英国长期居留权的个人，在英国成立的实体或苏格兰合伙公司，英国法院对于上述情况具有管辖权。② 再进一步，在英国境内开展业务的所有公司在英国境外的行为也都受反贿赂条款的约束，即使该行为与英国本土业务无关。《英国反贿赂法案》还规定公司需对员工和作为中介机构的第三方在开展业务时的不当行为负责。③不同于《反海外腐败法》，《英国反贿赂法案》没有关于"加速费"豁免。在《英国反贿赂法案》规定中，个人的最高处罚是 10 年监禁和无设限罚金。④ 商业组织的处罚是无设限的罚金。⑤

12.8　设立有效合规机制

设计一个有效的合规政策是应对《反海外腐败法》和《英国反贿赂法案》的最好辩护。合规计划必须符合公司特征定制。公司需建立一套完整的应对违反《反海外腐败法》行为的合规准则和机制，包括反贿赂和会计条款，并且应将政策记录在一份书面合规法规中。

托马斯·福克斯，八本关于《反海外腐败法》及合规的著作作者，强调了具备一个强有力的合规政策以防止《反海外腐败法》所涉及问题出现的重要性。福克斯在休斯敦有 30 年律师从业经历，协助公司进行关于《反海外腐败法》的合规计划。他此前担任 Drilling Controls, Inc. 的总法律顾问和 Halliburton Energy Services, Inc. 的部门顾问，Drilling Controls 是一家致力于全球油田生产和相关服务的公司。福克斯本科毕业于得克萨斯大学，研究生毕业于密歇根州立大学以及密歇根大学的法学院。他在国内和国际上发表了关于《反海外腐败法》合规

---

① Section 7, U. K. Bribery Act 2010.（英国反贿赂法案，2010 年，第 7 章）
② Section 12, U. K. Bribery Act 2010.（英国反贿赂法案，2010 年，第 12 章）
③ Section 7, U. K. Bribery Act 2010.（英国反贿赂法案，2010 年，第 7 章）
④ Section 11, U. K. Bribery Act 2010.（英国反贿赂法案，2010 年，第 11 章）
⑤ 出处同上。

及其相关领域的著作及演说。福克斯指出，从历史上看，政府对公司的关于《反海外腐败法》的执法行动主要针对没有合规机制的公司或者有但忽视了合规机制的公司。

12.9　合规标准的培训

对于员工，承包商和分包商进行合规标准及政策的培训十分必要。政策应解读成需要遵守的员工的语言。福克斯解释说，在培训方面公司犯下的最大错误是没有针对合适的风险来进行正确的培训。他还强调应向第三方提供培训，并建立机制评估所有员工和第三方是否充分理解并接受了培训内容。福克斯建议对高风险的员工应该进行单独培训，因为这样既强调了《反海外腐败法》的合规重要性，又保证了和员工一对一的当面交流，培训也更为有效。而对于低风险的员工，福克斯认为基于风险的网络培训就足够了。

12.10　建设合规文化

福克斯同样强调，在一个《反海外腐败法》执法过程中，政府将仔细调查一个公司的全面的合规文化。政府将会调查由高级管理层向其余雇员传达的信息。政府还会检查首席合规官（CCO）是否真正拥有权力和资源来确保合规。福克斯建议，让首席合规官直接向首席执行官（CEO）、董事会、审计委员会汇报，而不是让首席合规官报告给总法律顾问。这个报告的技巧将有助于在首席合规官的部分上显示其独立性和权威性。

同样重要的是，要有一个高效率、有效果的监控程序，因为这往往是政府监管者聚焦调查之处。根据公司的规模以及与外国政府官员的交流程度，监控过程应该由合规官员或团队带领进行。政府的立场是，公司将为第三方的行为承担责任，如代理商、顾问和分销商。此外，通常情况下，第三方在国际商业交易中将被用来隐藏向外国官员支付的贿赂。

12.11　基于风险的尽职调查和监视

基于风险的尽职调查和监视在与第三方交易中特别重要。公司应确保他们了解第三方的资格和交际状况，包括其商业声誉以及与外国官员的关系。公司还应了解在一次交易中包括第三方的商业原理。对第三方关系的持续监视是避免违反《反海外腐败法》的关键。

在监视工作中，应特别注意那些被认为行贿风险最高的国家的办事处，以及公司经营业务量最高的地方。福克斯表示，政府希望公司的合规计划做到三件事：（1）预防违法行为；（2）发现违法行为；（3）如果发生违法行为，采取行动进行补救或解决。

福克斯建议，公司的监视工作包括法务审计和持续性监测。福克斯称，监测就是在数据和信息的茫茫大海中进行的一次浅层潜探。另一方面，法务会计和审计则是对信息聚焦后所进行的一次深潜。

福克斯强调，关于《反海外腐败法》合规的三个最重要的事情是：（1）文件；（2）文件；（3）文件。要注意的是，如果一个东西没有记录，在监管者的眼中，它就从来没有发生过。除了书面的合规计划之外，如果计划实施的步骤没有记录在案，政府会认为你违反了该计划。福克斯指出，关键是要证明公司遵循了政策和程序。

12.12　评估《反海外腐败法》的合规情况

应该实施积极的《反海外腐败法》的合规性评估，以确保有适当的内控机制来纠正潜在的违法行为。福克斯建议，通过缺口分析来安排《反海外腐败法》合规计划的每一步，以确定是否有足够的审查和监督。① 福克斯指出，其目的在于确定公司内部是否有完善的纪律以确保

---

① 差异分析是风险评估的一部分，旨在表现公司完全遵守所有规章制度、进行最佳实践，与存在失误或缺陷之间的对比分析。

所填写的表格完全且准确，然后提交给相应的办公室或个人进行审查。

福克斯指出，缺口分析或审查不应该只是"对号入座"式审查，而应该是对于处于仔细审查中的表格所包含的信息进行彻底分析。例如，福克斯表示，如果一个人正在审查一份有关娱乐活动的公司费用报销单，审查者需要看到该活动商业目标的书面确认，并表明被邀请出席之人是否为政府官员。而且，在上述案例中，审查者需要确认在一次性或累计超过一年的情况下与政府相关的活动的开支都不会超额。福克斯指出，在缺口分析或审查中要寻求的关键因素是，对于费用报销单是否有充足的财务控制，以及针对报销单的财务内部控制是否融入公司的合规计划中，以便一旦有违反《反海外腐败法》的情况，合规专员将会标记并且妥善处理。

12.13　风险评估的重要性

一个公司的合规计划必须依据其风险评估，并且合规计划应围绕着公司的个体风险和特定风险而建立。因此，为了制定一个有效的合规计划，就必须识别并理解行业的系统性风险因素和公司的独特风险因素。这些风险因素可能会与公司发展业务的地理位置、公司的潜在客户类型是政府机构还是国有企业，以及公司用于拓展海外业务的人员类型相关。

福克斯指出，风险能用以下三种方式来评估：（1）公司开展业务的位置；（2）公司开展业务的方式；（3）公司开展业务的对象。对于（1），据福克斯说，一个好办法是看看"透明国际"的全球清廉指数，它描述了腐败程度最高的国家。对于（2），福克斯指出，90%至95%关于《反海外腐败法》执法行动在某种形式上涉及第三方，因此，仔细审查您的公司是否通过代理、代表、分销商或其他不属于自己公司的第三方打交道十分重要，因为这些都意味着更高的风险。对于（3），福克斯建议分析一个公司与政府互动的次数和类型。例如，能源行业通常是政府对于违反《反海外腐败法》的重点关注对象。福克斯认为，这是因为能源行业的企业经常与政府进行互动和开展业务。例如，福克斯指出，如果公司希望开采矿产，公司很可能与政府签订合同。如果一个公司出让，提取或改变一笔财产，它将需要一个单独的许可。如果一家公司想要将设备运到该国，它将需要打通海关关系。其他行业如电信和医疗保健行业也与政府有大量互动。

但福克斯不建议公司规避在某些特定国家做生意。他指出，风险水平越高，意味着应该更多的管理风险。即使有一些被普遍评为极高风险的国家，如苏丹或索马里，也可以通过管理增加的风险来与他们开展业务。此外，福克斯给出了安哥拉的例子，安哥拉没有被评为高风险国家，但是由于安哥拉当地受过教育的工人数目非常有限，雇员往往在私企和政府间频繁跳槽，这就呈现出了更高的风险。然而，福克斯指出，如果能预先正确地辨识风险，即便是这种类型的风险也能被管理。①

12.14 管理第三方

福克斯还解释道，公司面临的最大风险与第三方有关。

他给出了管理第三方的以下步骤：

- 了解与第三方开展业务的正当理由，以解释为什么公司决定与甲方而不是乙方做生意。

- 要求第三方填写一份问卷，其中包括信息如公司最终受益者的身份、公司结构、公司是否曾被指控或判有贿赂或腐败等违法行为、公司是否普遍关注《反海外腐败法》，以及公司是否有行为准则或合规计划。如此，就可从问卷中获得参考，并且能从该信息中确定在步骤3中执行什么级别的尽职调查。

- 尽职调查本身分为三部分：

---

① 当然，公司还必须进行成本—收益分析，以决定在管理某些风险时所需的成本是否值得在这些国家或地区营业的好处。

◇ 在线搜索可识别不良行为者的数据库，如政治敏感人物、恐怖分子、洗钱者和毒贩；

◇ 国内数据库检索和后续跟踪。特别是在国际舞台上，这必须在当地并以当地语言进行；

◇ 采用人力实地考察。这将涉及派人到当地实地检查记录（如法院），以及亲自查看实体设施。这也可能涉及对拟议的第三方代理的当事人进行采访，以获知他们对《反海外腐败法》以及与美国公司合作时的义务的了解。这些信息将被收集并分析以给出危险信号。如果危险信号能可靠地处理，则可以进行下一步。

● 在尽职调查完成评估并且危险信号被清除后，您即可进入签约阶段。合同包括与第三方一起的商业条款、合规性条款和条件等，都必须仔细起草。这些合规条款和条件将包括以下内容：（1）如果存在违反《反海外腐败法》的行为，这将构成严重违反合同的事实，合同将立即终止；（2）配合任何关于《反海外腐败法》调查的协定；（3）第三方的协定，允许公司从合规性角度对其进行审计。如果对合同的条款达成一致，即可进入最后一步。

● 合同签订后的关系管理。福克斯指出，这是最重要的一步，因为公司可能有义务教育第三方关于《反海外腐败法》以及他们的义务。公司需要确保第三方将其活动记录在案，第三方拥有适当的议定书，并且他们每年证明他们没有从事任何违反《反海外腐败法》的行为。此外，必须保证第三方的员工参加每年的《反海外腐败法》培训，最好是由一个业务部门代表每年访问该国进行现场培训，以强调该法案的重要性。最后，谨慎地定期审计第三方的账簿和记录，包括审核提交的发票，以确保发票中没有任何内容表明他们代表公司进行过行贿。

12.15　对收购目标进行尽职调查

《反海外腐败法》合规计划的另一个重要的部分是对收购对象进行

充分的尽职调查。在一桩收购或兼并中，收购公司通常要继承目标公司的负债。因此，针对《反海外腐败法》规定进行彻底的尽职调查，是每项涉及与外国实体交易的必要组成部分。内部法律顾问必须仔细检查目标公司与政府官员的互动，包括第三方在代表目标公司时采取的任何行动。这种尽职调查应该包括面对面的访谈。《反海外腐败法》的尽职调查不仅必须在收购行为和合资公司中进行，而且必须在美国公司与外国实体或个人的所有商业交易中进行。

据福克斯所言，收购公司最重要的是要对目标公司进行风险评估。司法部在 2014 年 11 月发布的第 14 - 02 号意见中明确指出，公司能够通过彻底审查目标公司避免"购买一家违反反海外腐败法的公司"。①做到这点可能很困难，因为收购方公司可能受到信息数据以及目标公司可采访人数的限制。福克斯指出，在最理想的情况下，应该与首席执行官、首席财务官、总法律顾问和首席合规官沟通，如果目标公司有这些职位。福克斯还建议审查目标公司的合规计划及其政策和程序。另外，如果时间充裕，福克斯建议查看与目标公司进行业务往来的第三方，以了解他们是否已经过适当审查。最后，福克斯建议采访公司雇用的销售人员和高风险销售人员。

福克斯指出，在收购前阶段进行尽职调查最大的问题在于，没有足够的时间和充足的资金进行彻底和全面的审查。因此，做一些帮助收购公司了解目标公司关于商业道德的一般哲学和遵守《反海外腐败法》理念的事情是很有益的。然而，根据"意见稿"第 14 - 02 号文件，司法部明确表示，需要进行此类收购前尽职调查，而不是简单地试图在收购后清理。

---

① 查看完整的 14 - 02 号意见，请访问 http：//www. justice. gov/criminal/fraud/fcpa/opinion/2014/14 - 02. pdf.

12.16　《反海外腐败法》执法行动的触发器

为了保护自己不暴露在《反海外腐败法》下，尝试了解政府如何获取引起执法行动的信息是很有帮助的。根据福克斯的经验，政府根据以下三类信息调查公司：

- 公司自我报告或者自我披露违反《反海外腐败法》的行为。
- 举报者主动向政府举报潜在的违反《反海外腐败法》的行为。福克斯指出，举报者可能是公司的雇员或是竞争对手。
- 其他类别，可能包括非反海外腐败法地区的政府的调查和信息，外国政府可能向美国政府提供在他们国家发生的贿赂和腐败的信息。福克斯说到，还可能还包括美国政府通过使用卫星的间谍活动获得的信息。

12.17　自行披露的违规行为

虽然公司可能对于举报者，特别是来自竞争对手的举报者，或者政府从自己或外国政府获得的信息没有太多控制权，但是公司可以决定是否以及在什么情况下自行披露违规行为。虽然政府一直声明自行披露会因配合而减少处罚，但是很多人怀疑公司是否能够真正从自我披露违反《反海外腐败法》的行为中受益。福克斯说，他听说了美国政府关于自我披露违规行为的相互矛盾的信息。他指出，如果你听到来自于司法部或证券交易委员会的官员说，他们总会让你自我披露，并且他们会强调一些特殊的案件，在这些案件中，公司披露了其违规行为但是并没有受到刑事起诉。然而，福克斯指出，有些情况下公司没有自我披露，但仍然被减轻处罚。所以福克斯认为，自我披露违规行为可能并不是公司获得政府信任和降低惩罚的唯一方式，因为在有些情况下，即使违规行为不是公司自己报告的，一旦政府通知他们进行调查，他们便实施强有力的补救计划，从而降低了受惩处力度。关于自我披露，福克斯建议公司考虑以下问题：

- 他们对事实有多肯定？
- 公司是否对发生的事情做了彻底的调查？
- 公司是否开始采取补救措施？

福克斯指出，如果一个公司过早进行自我披露，政府可能质疑公司为什么还没有开始补救。福克斯指出，在这样的情况下，政府事实上可能变成为指导公司的补救工作。此外，根据福克斯的说法，如果他们已经修补了这个问题，公司可能会从成本—效益分析上考虑，是否向政府披露并且承担处理政府调查的成本，这样才是有意义的。福克斯警告说，现如今没有人真正知道美国政府如何获取信息。如果公司不进行自我披露，他便冒着政府已经知道这个问题的风险。公司没有告知政府这个问题，便失去了部分信任度。

12. 18　减少暴露

减少或是避免《反海外腐败法》的暴露是非常困难的，因为公司在海外控制事件的能力比他们在美国办公室的更少。创建一个包含监督要素和持续培训的健全的合规计划是一个重要的开始。重点在于，如果政府开始调查公司，它就会发现公司所承诺的在所有层面上对《反海外腐败法》的合规状况。文件编制至关重要，它向政府表明公司采取了必要行动来保障合规于所有适用的法律。

如果公司意识到可能潜在地违反了《反海外腐败法》，公司可能需要慎重考虑是否向政府自我披露以及披露的时机，除非法律要求公司必须披露。在这样的情况下，公司必须迅速采取行动，确保其方针和程序已经更新，并且开始采取了潜在的补救措施。

第十三章　如何进行内部调查

作为公司全面合规计划的一部分来看，有效进行内部调查的重要性是毋庸置疑的。一般情况下，公司责任派生于一个最初由内部提出的指控，即要么是向监管者的披露，要么是法律诉讼中的资料引用。这些指控可以导致一些监管机构的执法诉讼，甚至是刑事曝光，尤其是在《反海外腐败法》不断严格执行的背景与环境下。

13.1　通过有效的内部调查限制曝光

无论是在强大的《反海外腐败法》要求环境下，还是由于举报者的举报，甚或是由于进行了一次彻底和全面的内部调查所引起的其他投诉，公司都能够有效地限制其法律风险。一次彻底、有效和可信的内部调查对于公司是很重要的，不仅能够使公司充分了解自己所面对的责任和义务，而且也向监管权力机构展示了公司对于所接到的投诉严肃对待，以及公司希望了解公司内存在的潜在问题。

如同第三章所讨论过的那样，举报者的投诉必须被小心地对待，重要的是让举报者感受到就好像他或她的投诉正在解决之中，而且随之会提出特定的指控。事实上，无论投诉是由于举报者的举报，还是由于一些其他需要跟进调查工作的机制而引起了公司注意所产生的信息，公司必须迅速行动，调查指控的内容，而调查的开展必须可信、彻底。

13.2　众所瞩目调查的教训

在我作为国际维和部队和证券交易委员会的总检察长工作期间，

我组织了很多次调查，有些调查备受瞩目，我从这些经历中学到了很多。在国际维和部队中，我的办公室组织调查了对维和部队志愿者欺诈行为和挪用来在世界范围内扶助贫困群体的公共基金的指控。我们还调查了维和部队志愿者在第三世界国家服务中受到的强奸、袭击甚至谋杀的指控。

在证券交易委员会，我组织了关于证券交易委员会为何没有发现伯纳德·麦道夫500亿美元庞氏骗局的调查工作，该调查涉及了与大约140位当事人（其中就包括了伯纳德·麦道夫本人）的面谈，并在8个多月时间内检查了将近370万封邮件，同时还承受着国会巨大的压力以及公共投资者的期望。我随后还接手了另一个庞氏大骗局的调查，这次艾伦·斯坦福德的恶行，骗走了70亿美元。我还组织了贝尔斯登为何破产的审计/调查以及其他与金融危机相关的调查。此外，我还在证券交易委员会领导了很多一般性事件的调查，比如员工旷工，泄露机密信息给媒体以及在工作时间在他们的政府电脑上看色情图片等。

在每次调查中，我都使用不同的方法或策略去获得想要得到的信息。在维和部队中，特别是当我对维和志愿者进行采访调查时，我经常使用非常不正规的方法。这些维和志愿者绝大多数都非常年轻，从未接受过调查人员的当面调查。我会在我的办公室中或者巨大壮观的会议室中一对一与他们进行谈话，这种压力会让他们感受到说真话的重要性。我会提问非常直接的问题，告诉他们对他们的指控或已经收集的证据，然后再强有力地但同时礼貌地，尝试获得他们的坦白和供认。在调查谈话结束的时候，我会替他们写一个声明，要求他们在离开我的办公室前在声明上签字。如果志愿者确实犯有所指控的罪行，他们常常会在调查面谈中承认他们的罪行，然后我就会将这种坦白记录下来在量刑时考虑。如果他们没有责任，但是提供了涉及他人不当行为的信息，我所用的方法常常是设法引出关于他人或团伙的有害信息。

在证券交易委员会，几乎在每一次调查中，我使用了一种非常不同的方法。在证券交易委员会我所调查的几乎所有证人要么是律师，要么是会计师，他们熟悉法律程序。因此，我使用了非常正规的方法进行面谈。我安排了一位法院书记官记录会谈过程，而且要求证人宣誓作证。在面谈过程中，我经常强调向一位联邦调查官员提供错误信息具有什么样的法律意义。我还在问问题时使用了更加巧妙的方法，常常依赖于已经获得的文件证据，我会出示给证人看以引出我在寻找的信息。这个方法在获得提问的真实答案上是非常有效的，使用早期面谈记录副本在后来的面谈中获得信息也同样有效。

13.3 开始内部调查

公司发起内部调查所面临的第一个问题是确定由谁来从事这次调查。如果问题从属性上看相对轻微，则让公司内部的合规单位或让总法律顾问办公室组织调查是较为合理的。内部人员已经熟悉公司的政策、程序和系统，并且处在一个可以快速展开内部调查的好位置。但是，这些调查人员必须受过如何开展调查的训练，包括了解当员工面临被调查时其所拥有的权利，而且也了解调查面谈时合适有效的技巧。

有些人相信一个有着法律诉讼背景并且在法庭上宣誓辩护的律师可以从其法律背景中获得足够的经验，从而胜任独立的调查工作。然而，在法庭宣誓或者交叉询问证人的方式与在调查中与被调查人员的进行面谈是截然不同的。调查人员必须持完全中立的立场并且毫无偏见，他在调查中仅仅需要从证人那里获取信息；当在宣誓作证和法律审讯的环境下，诉讼律师是在努力获得支持其客户立场的有关信息。这些是完全不同的技能，如果一个调查性的谈话对被访谈者感觉起来像在法庭发誓一样，那么调查者的可信度可能会受到影响，本次调查也就变质了。

13.4 保留一个外部调查者

如果一个投诉引起的问题有可能引起非常严重的违法或者无论从

哪方面看都可能被看作企业的重大威胁，那么，最好是雇用一个外部调查者来主导这项内部调查。在这种情况下，重要的是调查结果能够被视为具有可信度。由公司外的个人或企业组织调查为调查结果极大地增强了可信度。只要外部个人或企业与公司之间没有特殊的关系，就会增强可信度。雇用公司的长期法律顾问主导独立的内部调查会使得调查过程的可信度降低。公司应该非常小心地选择那些此前没有代表过公司的调查者，这样他就没有理由来讨好公司。

并不一定雇用一个律师来主导内部的调查工作。一些非律师身份的调查员也拥有组织调查的丰富经验，而且拥有特殊的调查技巧，能够从证人那里探出信息。如果选定一个非律师的调查员，他/她应该在法律顾问的指导下工作，以保持律师－当事人特权。

13.5 调查过程的初始步骤

一旦发起调查，在采取任何步骤之前，调查员应该审视调查的"大局"，考虑需要什么样的信息和证据来解决指控并且准确地知晓发生了什么是很有用的。调查者应该考虑所有可能的信息来源，而且努力思考获得所需证据的最有效途径是什么。

在证券交易委员会调查麦道夫期间，我立刻想到：有关证券交易委员会被麦道夫愚弄还有谁能比麦道夫本人更能提供有用的信息？当我最初与麦道夫对话时，我被告知这是在浪费我的时间，因为他将永远不会给我说。但是我不屈不挠地坚持，最终在曼哈顿大都会矫正中心和他面谈了大约四个小时，获得了我调查中的大量有用信息，同时也为我的发现奠定了较高水平的可信度。

13.6 获得信息的方法

调查中获得信息的两个主要方法是通过复查文件和与证人面谈。我发现在很多方面文件证据，特别是电子邮件，实际上是要比个人采访更具有说服力的证据。在我所组织的很多访谈中，特别当我在与调查对象面谈时，我发现证人常常对事情的记忆是按照他们所希望发生的方式记忆，而不是事情实际发生的方式。[①] 在这种情况下，我坚定地相信证人不认为他们是在撒谎，因为他们已经把自己训练成"诚实地"记忆着事情的发生方式，以至于能够表明他们的行为是恰当的。另一方面，文件，例如电子邮件，真实完整地记录了当时发生了什么，虽然文件有时需要根据上下文环境才能完全理解，但它们确实展示出了非常有价值的证据，尤其对于那些若干年前发生过的事情。当我与那些困难证人面谈时，我常在谈话间出示他们曾经的电子邮件，要求他们解释该电子邮件的上下文环境，从而可以得出尽可能多的信息。

在我经手的一个令人瞩目的调查案件中，甚至在我问出第一个问题前，该调查被控有罪的嫌疑人发表了一个冗长的演讲来挑战我问他问题的权力，并且信心十足地向我保证面谈对于我来说完全是在浪费时间。然后我在面谈时出示给他一系列他的电子邮件，显示出他在诸多不同场合的道德错误，从而改变了他的态度，由目中无人到自己克制到最后的顺从。至于在后来的面谈中，他就没有再那样好斗，而我则获得了有用的信息，包括很多的供述。

13.7　收集文件

在调查工作中，第一项实质性的工作应该是识别和收集所有与指控有关的可以获得的文件资料。调查伊始，应该发送指令给所有雇员，让他们保留或保存与指定专题有关的任何文件，以防止诸如电子邮件一样的文件，在收集前就被删除。一旦文件被辨识，就必须影印或者拍照保存下来。这些文件还必须贴上标签以供识别和排序，而且要非常仔细整理。至于电子文件，应该考虑为电子邮件制作副本，而且为那些调

---

① 例如，我曾经目睹这样的案例，证人回忆曾与律师或道德顾问商量采取某项措施，而很明显的是他们没有这样做。

查中你认为非常重要的雇员证人的计算机硬盘做好拷贝。

你绝不应该认为调查中如电子邮件类的电子文件是无法获得的。电子邮件即使已被删除也是可以恢复的。事实上我曾遇过这样的情况，被告知电脑硬盘"烧了"或数据丢失了，我还是找到了法院的专家恢复了能够用来做证据的电子邮件。

在我组织的调查中，在与证人面谈前，我通常会花很长的时间，有时是几周时间，审查和分析收集上来的文件。花费时间真正理解这些文字证据对于一旦进入面谈阶段会非常有用。对于每一次面谈，我都会收集将会推动面谈进程的相关文件资料，而且准备好这些资料进行面谈。

13.8　组织面谈的策略

在进行调查面谈之前，为具体的面谈思考恰当的策略或手段也是非常重要的。就如上文所指出的，用于调查对象的方法很可能与用于其他证人的方法大不相同。再进一步，调查者了解谈话对象越多，在主导一个有效谈话时所处的位置越有利。在开始面谈以前，你应该努力收集有关未来证人的尽可能多的背景资料。资料可以包括有关证人财务状况的信息，具体通过审查他们的资产、抵押贷款、负债或法院判决征收额等获得信息，以及他们的受教育和工作历史，具体通过审查他们的成绩单和推荐信得到信息。你还应该研究所有涉及关键证人在此之前的诉讼，详读所有以前宣誓作证的副本或者他们所做的审判证词。

你还应该与调查对象的同事交谈，了解调查对象的性情和人品。你可以尝试找出调查对象是那种喜欢更直接提问还是需要使用暗中威胁方法的类型，要么是一个更健谈、脾气随和的人，这些都要加以利用。在某些情况下，如果你所使用的方法不奏效，那么访谈中途也可以改变方法。对于重要的证人，安排一个助手参与面谈常常会很有帮助，如果必要，只要你认为有助于促成更好的面谈，还可以让助手接手提问过程。

在一个内部调查中，当调查访问人员是公司的雇员时，很重要的一点是建立起面谈是具有公司特权优势的，调查者代表的是公司，而不是雇员本人。还有必要指出的是，特权属于公司，所以公司只要想，可以随时放弃特权。在调查伊始，调查者就应该明确地告知雇员，公司会随时在不通知雇员的情况下将调查发现的细节公之于众。所以应该让雇员在记录上声明他们已经得知并且理解这些指令。

调查者应该准备好回答来自于雇员的问题，即他们是否需要自己的律师。在访谈开始前，调查者应该与公司的总法律顾问办公室讨论如果雇员提出了这个问题应该采取什么方法回答。一般来说，调查者可以通过讨论他们是否认为该雇员的证词有可能与公司的主张矛盾来回答该问题。调查者应该知道公司是否愿意支付雇员的个人法律顾问的费用。调查者应该在回答雇员时清楚地表达他或她代表的是公司，因此，确实不能建议雇员雇用其自己的法律顾问。如果在调查期间有一两个雇员其利益与公司相悖而且他们要求给他们自己聘用法律顾问，根据事实，给他们提供律师并为其付费是合算的。应该考虑经常与公司的法律顾问一起工作的律师作为给他们选择的法律顾问。如果有很多雇员要求配备自己的法律顾问，他们的证词也不大可能与公司的立场相矛盾，那么合理的做法是告诉雇员他们有权聘用自己的律师，但是企业将不会为此付费。

当然还有这样的情况，调查者需要与已经离职的雇员谈话以便能够进行彻底的调查。受宪法第五修正案权力的约束，在职雇员作为雇佣的条件一般要求他们对调查者如实讲话。而对于不再是公司职员的个人来说并不一定要求他们对调查者讲话。然而，为了就所作指控获得尽可能多的观点信息，想方设法联系上他们是很重要的。在我组织的证券交易委员会的调查中，几乎所有接触过麦道夫的证券交易委员会的官员都已离开了机构，但是我能够说服他们对我讲实话。即使这些人不是被迫要讲实话，也需要劝说他们向调查者讲实话。

　　有一个技巧可以用来说服前任雇员，告诉他们调查结果中所包含的信息涉及前任雇员，所以对于前任雇员很重要的是将他或她所讲的故事融入最终的报告里去。在这类情况下，你可能会同意某些前任雇员提出的条件，以便于获得他们的同意开展调查。在我主导的与麦道夫的面谈中，我不得不同意在面谈中不录音录像。我的同事做了大量的面谈笔记，获得的信息对于调查极其有用。

　　在面谈环境中，到底是使用非正规的还是正规的方法，重要的是谈话内容能以某种方式记录下来。具体方法可能是以一种非正规的方法总结谈话内容，然后让被访谈者在总结上签字或写一句声明。在正规的方法情况下，即可以录下访谈的内容，也可以请一个法院的书记官记录下访谈。虽然在某些情况下，调查者会顾虑在面谈中增加一个法院的书记官、或者仅仅是一部录音机会对证人产生威胁，根据我的经验，证人会很快忘记掉记录设备并且面谈不会受到影响。如果证人的访谈没能完整记录下来，那么下面的危险就存在，即他们所讲的故事在其他场所的再访谈中就有可能改变，比如政府的论坛或反方律师提问。

　　在组织面谈时，还有一个重要的问题是确保你所获得的答案清晰、不含糊。曾经发生过这样的事，调查者认为给出的回答很清晰，但在访谈完成后只是阅读记录或听录音就会认识到证人给出的答案并不完全是收集答案时所理解的那样。在重要证人面谈时，特别是调查对象或目标时，我常常在想所给答案的准确措辞以及他们在随后的报告中怎样读出米。如果给出的回答有重大意义，比如一个重要的坦白，而你又不能完全被说服所给答案是清楚的，那么如果可能要求证人清晰的重申回答是个好主意，这样可以保证记录下来的回答可以用于后来的调查报告。

13.9　管理调查简报

　　在调查期间，一个外部调查者会被要求向公司的总法律顾问办公室提交关于调查进度的简报。但是调查者应该小心不要给出太多的调查细节方面的信息，例如某个特定证人的证词内容或者尚未披露的重要文件的内容。对于调查者来说重要的是牢记可信性，并且不要让公司的管理层影响到你的调查，无论是调查怎样进行，还是调查的结论。如果在调查过程中需要提供调查简报，则简报应将内容局限在调查的程序进度方面，而不是调查的实质内容。

类似的，在调查期间，非常重要的一点是公司不要在外部调查者开展其工作的同时自己就指控进行询问。当我在证券交易委员会最初开始对麦道夫展开调查时，就遇到了证券交易委员会的一个部门提出的要求，在我进行调查的同时他们可以与可能的证人谈话，这样他们就了解如何在机构内部立即解决有关问题。我反对这个请求并且明确指出我将要访谈的证人同时有其他人与他谈论同样的问题从而我将无法主导一个独立的调查。该要求最终被拒绝，而我则能够在没有干扰的情况下不受约束地获得证人与证据。

13.10　起草调查报告

调查报告是调查工作中非常重要的组成部分。虽然有些时候公司希望有一个口头的调查简报而不是书面的结果概述，但在绝大多数情况下，调查结果会记录在调查报告中。因此，很重要的是调查报告要写作上乘、资料来源可靠、具有说服力。调查报告不是一份案情摘要，而且也不应该以辩论风格的格式片面地方式写作出来。证词部分应该不加任何编辑地描述出来，所引用文件应该尽量原文照抄。如果有证据处于争论之中或者双方各执一词，在报告中应该清楚地展示出来。报告对于每一个所作结论都应该有原引用文件支持或脚标说明。我个人倾向于喜欢撰写具有较多的脚标和附录的长报告，这样报告包含了所有必要的信息，用事实说话支持最终的结论和发现。

我在证券交易委员会时所主导的关于伯纳德·麦道夫500亿美元庞

氏骗局的调查报告长达 457 页，包含 500 多个脚注。对于非常长的报告来说，一般会在报告的开端包括一个简洁综合报告，这样读者就可以在不读全文的情况下理解报告的结论。

13.11　有关改进的建议

内部调查在什么地方发现了犯罪行为，报告就应该包含具体的惩处犯罪者的建议，还要改进公司内部的结构和管理，以防止犯罪行为的再次出现。如果将要提出的是关于公司运营的重大建议，调查者最好在有关建议定稿前与公司代表会面，以保证提出的建议在调查结束后能够在一个合理的时间框架内实施。

调查完成后，对于公司来说重要的是准备实施报告所提建议，如果必要还要向管制当局展示他们从调查中学到了什么，以及如何在运营中弥补不足，而且能够证明未来此类犯罪再也不会发生。对于那些建议得到实施的地方，也许应该建议公司对改进了的架构和管理随后多考验几年，以确保它们是有效的起作用的。一般来说，公司经历了任何重大指控以后，都应该组织对公司的合规计划进行审查，以保证现有的合规程序良好的工作。

13.12　保存与内部调查相关的文件

由于开展内部调查所使用的资料也常常是由于导致调查同样的事件引起的诉讼所寻求的资料，因此对于企业来说采取适当方法保护那些调查中产生的资料会很有益处。在 2014 年华盛顿特区的一次巡回上诉判决中，特区上诉法庭推翻了下级法院的判决，命令一家公司为了回应一个正在起诉该公司的前雇员的显示证据要求提供内部调查文件。[①] 法庭发现律师当事人特权规则可以用来保护这些文件，只要内部调查

---

① 　见 In re Kellogg & Root. , et al. , No. 14 – 5055（D. C. Cir. June 27, 2014）.

的主要目标之一是获得或提供法律建议。

因此，华盛顿特区巡回法庭的分析和其他的司法辖区的研究分析认为，① 一个公司可能会因为多个重要原因展开内部调查，包括监管部门的要求、公司合规政策以及没有放弃律师当事人特权规则等。然而，重要的是记录下来至少一个开展调查的重要原因，也就是通过明确声明调查是在法律部门的"指导下"或"支持下"开展的以获得法律建议。在面谈开始时被访谈的雇员也可以明确地告知其面谈的目的之一是帮助公司获得法律建议。此外，还应该清楚的标记哪些文件计划受到律师当事人特权规则或工作成果原则保护。然而，在标记文件时应该明智而审慎，因为过多的文件标记会弱化那些真正需要保护的敏感文件的特权。

报告还应该寄往总法律顾问办公室，其中应该记录了总法律顾问对报告的评论以及作为调查结论提供给公司的任何建议。如果可能，诉讼的威胁也应该记录在内。

华盛顿特区巡回法庭也强调了，律师当事人特权规则只保护机密不被披露或者特权通讯。机密通讯可以通过限制在公司内传播得到保持，还应把调查文件和记录与一般公司文件分开保管。

13.13　留存调查报告

当内部调查发现没有人有犯罪行为，调查报告应该作为严肃对待指控的证据很好保存，说明对问题进行了彻底调查并且指控被发现没有价值。如果随后发生对行为不当的索赔或报复，书面的报告就显得很

---

① 在这个问题上美国最高法院关于 Upjohn Co. v. United States, 449 U.S 383 (1981) 的判决是一个影响深远的案子。在这个案子中，Upjohn 公司的总法律顾问，外部法律顾问和董事会主席决定就独立会计师提出的指控组织一次内部调查，具体审计某些支付给外国政府官员的费用。在这项调查结束后，公司自愿将初步调查报告提交给了证券交易委员会和美国国家税务局（"IRS"），而国税局寻求所有与调查相关的文件。Upjohn 基于律师当事人特权规则和工作成果理由反对提交这些资料。最高法院在完全一致的 9 比 0 的投票判决结果同意 Upjohn 的决定，并且决定根据律师当事人特权规则当保护是出于防范诉讼时保护所有资料。

重要。

　　组织彻底而全面的调查对于说服监管权力机构极为重要，因为它说明任何可能发生的不当行为或犯罪被限制在一些个"无赖"雇员或办公室范围内，并且已经针对犯罪者采取了合适的行动。在实施《反海外腐败法》背景下，公司已经通过实施内部调查并且及时修补漏洞大大降低了最终的惩罚力度。内部调查还能够提供给公司有关潜在风险的重要的知识，这样他们就能够做出更为明智的商业决策，而且对于政府调查者的调查方向有了预判。在这些情况下，知识就是力量，这些知识只有在公司允许开展一个独立、彻底和可信的调查情况下才能够获得。

第十四章 结 论

我在 2007 年到 2012 年担任证券交易委员会总检察长期间，发布了许多调查报告，这些报告引起了国会对证券交易委员会的批评以及金融危机的余波中对一般的联邦监管者的批评，其中包括一份详细描述证券交易委员会没能监督贝尔斯登的审计报告，以及一些批评证券交易委员会没能发现麦道夫和艾伦斯坦福庞氏骗局的调查报告。我的报告描述了证券交易委员会怎样摆正自己的位置才能终止贝尔斯登的进一步恶化，以及曝光了麦道夫和斯坦福的诈骗，但是没能指导进行称职的监督与管理。我目睹了国会官员对证券交易委员会及其管理层的严厉指责，甚至听到了可能应该取缔证券交易委员会的流言。

然而最终，美国证券交易委员会既没有被废除、拆分，或与另一个监管实体合并，其结构也没有受任何重大影响。事实上，我还目睹了国会通过颁布《多德—弗兰克法案》来应对证券交易委员会和监管的失败，而该法案赋予了证券交易委员会重大的新的责任和任务。我回忆起不止一次地在国会作证，回答着由参议员或众议员提出的问题，这些问题都预示着这样的假设，即证券交易委员会的监管失败与缺乏权力有关。很显然在许多国会官员的眼中，如果证券交易委员会早就被赋予了更大的权利的话，他们就会抓住麦道夫和斯坦福，就会阻止贝尔斯登走向毁灭。我并没有必要来同意这个假设，在不止一次情况下，我努力的解释至少在与麦道夫和斯坦福有关的案中，之所以导致证券交易委员会的监管失灵是因为缺乏能力而不是缺乏权力。我所领导部门提出了大量的实质性建议来解决证券交易委员会存在的隐藏问题，而证券交易委员会也同意并实施，但是鲜有国会提出此类解决方案。相反，《多德—弗兰克法案》对证券交易委员会施加了许多新要求，市场上的许多新的工具和产品变成了监管对象。虽然大部分人都承认这些新要求给投资者提供了更多的保护，但很少有人了解这些从事监管的诸如证券交易委员会的实体是否得到了引人注目的强化和改进。

因此，金融投资者不能够单单依靠证券交易委员会和其他监管机构来监督潜在的欺诈和不法行为。公司和个人投资者必须开展他们自己的尽职调查以保证他们不被欺诈，并且不能假设因为这些实体受证券交易委员会和其他机构的监管，因而已经审查过他们是否有潜在的庞氏骗局或其他欺诈。

14.1　《多德—弗兰克法案》下的多重监管

另外，由于伴随《多德—弗兰克法案》颁布而判定证券交易委员会和其他监管机构增加了新的责任，公司就面临着甚至更大的不确定性和压力，因为可能的监管重叠和监管不一致。事实上，在《多德—弗兰克法案》颁布后，监管机构本身有时也面临着哪个机构对一个特定金融产品管辖权这样的困难问题某些金融产品就是具有这样的属性，使得人们很难决定哪个机构对于其有管辖权。比如，金融工程师已经开发出了既具有期货特征又具有证券特征的金融产品，因而混淆了期货监管和证券监管的分界线。这种不确定性已经引起了推迟新产品进入市场，成本昂贵且含混不清，已经妨碍了创新和竞争。

多重监管不仅局限于对金融产品的司法权。在市场及市场参与者方面也存在趋于一致的情况，以至于同一个实体既是证券交易委员会的管制对象，也是商品期货交易委员会的管制对象。① 混淆一度变得如此之大，事实上已经对国会提出要求制定法律，让证券交易委员会或商品期货交易委员会向联邦上诉法院申诉来解决争端，到底哪个机构对一个特定的金融产品具有司法权。

而且，尽管监管缺陷的余波未息，还是在努力协调证券交易委员会和商品期货交易委员会监管政策，目的是对市场参与者应用一致的标准，但是这一努力从来就没有完成过。2009 年 6 月，美国财政部发表了白皮书，为金融系统的完整性重拾信心给出了路线图，并且要求证券交易委员会和商品期货交易委员会准备一份报告，说明他们监管体系的区别所在，从而决定这些区别是否由市场的属性不同所确定，否则的话建议他们做出改变以协调期货和证券的监管。② 作为回应，2009 年 8 月，证券交易委员会和商品期货交易委员会宣布他们将召开一个会议就监管协调最迫切的问题听取公众意见。③ 两家机构邀请了专家和股东参加了会议并发言。同时还收集了公众意见。该会议于 2009 年 9 月召开，两家机构的所有现任委员都参加了会议。④

同年 10 月，证券交易委员会和商品期货交易委员会发布了联合报告，指明了两家机构的监管体系区别所在，并且推荐了处理那些区别的行动。报告包括了 20 条建议以加强执法力度，强化市场和中介的监督，改善操作协调。2010 年 5 月，证券交易委员会和美国商品期货委员会宣布成立了一个联合委员会来解决两个机构之间新出现的和正在持续的问题，贯彻机构协调报告中给出的建议。⑤ 以我的观点，虽然为了两

---

① 例如，2014 年 12 月，商品期货交易委员会主席蒂莫西玛萨德在美国参议院关于农业、营养和林业的听证会上作证道，商品期货交易委员会的监管权力可以覆盖某些类型的虚拟货币，如比特币，尽管证券交易委员会承认对该相同货币也具有监管权力。Http：//darkcoin. ws/united – states – cftc – claims – jurisdiction – over – bitcoin/.

② http：//www. treasury. gov/initiatives/Documents/FinaReport_web. pdf.

③ http：//sec. gov/news/press/2009/2009 – 186. htm.

④ http：//sec. gov/news/press/2009/2009 – 218. htm.

⑤ http：//www. cftc. gov/PressRoom/PressReleases/pr5820 – 10.

个机构更合作一致做了一些努力，但是绝大多数旁观者会承认今天要协调证券交易委员会和美国商品期货委员会的管制政策还需要做大量工作，而应用一致标准对待市场参与者的目标尚未达到。

另外，在今天的监管环境下，鲜有关于合并证券交易委员会和美国商品期货委员会或者对任一机构进行重大改革的讨论了，即使众议院金融服务委员会前主席巴尼·弗兰克在2012年退休前曾提议"独立的证券交易委员会和商品期货交易委员会的存在是我们监管体系唯一最大的结构性缺点"①。我相信合并两个机构事实上能够填补监管漏洞，而且在一个机构内功能的统一还可以精简规则制定。由于由两个机构监管的市场已经汇聚一处，因此就没有理由继续这种分裂管理。然而，金融危机后两机构合并缺乏动力的主要原因是因为以下事实，即证券交易委员会是受参议院银行委员会和众议院金融服务委员会管辖，而商品期货交易委员会受参议院和众议院农业委员会管辖。正是这种对势力范围的争夺而不是任何实质上的和学术上的决策过程导致合并的努力最终流产。

但是，今天的现实是对于许多金融机构来说都处在不止一个监管机构的重叠管辖下，而这些监管机构没有一家拥有清晰的权力。除了影响公司本身以外，这种分裂管理对于任何机构和个人都造成了困难，他们难以理解更为广泛的市场或者难以恰当的协调跨部门的行动以解决所产生的问题。

还有，多重的甚至有时是竞争性的监管最终会导致缺乏沟通，弱化监管标准与原则，重叠而低效的管理，无法看到市场的整个全景。更进一步，当自律组织也不能够协调其工作并且相互间以及与监管机构间没有有效沟通时，这些问题会进一步恶化。

---

① http://democrats. financialservices. house. gov/news/documentsingle. aspx? DocumentID =382948.

14.2　后金融危机时代的监管失败

但是，自金融危机和麦道夫丑闻以后，已经有了更多的值得注意的监管失败的例子。例如，即使有证券交易委员会和美国商品期货委员会两个监管者组织的监督，仍然不能阻止 MF 环球公司在 2011 年 10 月的破产。事实上，根据在美国众议院金融服务监督委员会的共和党成员对 MF 环球公司倒闭所作的批评，证券交易委员会和美国商品期货委员会并没能分享有关 MF 环球公司倒闭的关键信息而如果两个机构能够合作工作的话是可以挽救一些投资者基金的。

报告是这样描述的：

这些机构显然不能协调的监管监督工作，或者是相互间分享关键信息，再加上期货产品、市场和市场参与者已经汇聚在一起的事实，迫使金融服务监督委员会建议国会探索如果证券交易委员会和美国商品期货委员会简化他们的监管操作或者干脆合并成一个监管机构从而视资本市场为一个整体进行监督是否更好地服务客户和投资者。①

根据该报告，在 MF 环球公司申请破产前的数周甚至是数月里，证券交易委员会和商品期货交易委员会的监督工作"目的交叉"，没有能够与 MF 环球公司高管就企业的流动性和金融业监管局注入的 1.84 亿美元资本所反映出的其债券组合风险召开关键会议进行沟通。根据该报告，证券交易委员会和商品期货交易委员会还对 MF 环球公司留置一旁的用来保护经纪 – 交易商客户的 2.2 亿美元提出了矛盾的指导意见。该报告的结论是，"如果证券交易委员会和商品期货交易委员会能够协调对 MF 环球公司的监管，如果他们分享了关于 MF 环球公司的关键信息，他们也许会对公司日益恶化财务健康有一个更完整的了解，因而它们也许会在该公司倒闭之前采取行动更好地保护公

---

① http：//financialservices. house. gov/uploadedfiles/11 – 15 – 12_mf_global_staff_report_001. pdf.

司的客户和投资者"。①

14.3　改善监管机构之间的协调

改善监管机构之间协调的一项成功努力就是依据《多德—弗兰克法案》建立起了金融稳定监督委员会（"FSOC"）。金融稳定监督委员会承担三个主要目的：（1）识别对于美国金融稳定不利的风险因素。这些风险因素可能源于大型且内部互联的银行相互持股的公司或非银行金融公司所处的重大的金融困境或失败或正在进行的活动；也可能源于金融服务市场以外。（2）促进建立市场准则。消除公司的股东、债权人和对手方的不当预期，那就是美国政府不会在该公司出现倒闭时保证他们不受损失。（3）回应正在出现的对美国金融系统稳定的威胁。②

（1）识别源于金融危机或失败的，正在进行的，源于大型的相互关联的银行控股公司和非银行金融机构，或可能源于外部金融市场的可能对美国金融稳定造成破坏的风险。（2）严肃市场纪律，消除那些公司的股东，交易员和交易对手对于美国政府会在危机中救援他们的预期。（3）应对会影响美国金融稳定的新威胁。金融稳定监督委员会由10位有投票权的成员和5位没有投票权的成员组成，汇集了联邦金融监管机构的专家、国家监管机构的专家、1位保险专家，还包括财政部、美国联邦储备委员会、通货审计办公室、消费者金融保护局、证券交易委员会、联邦存款保险公司、商品期货交易委员会、联邦住房金融局以及国家信用联合管理局等的代表。

迄今为止，金融稳定监督委员会最有意义的活动与选定了非银行金融实体作为系统性重要金融机构有关（"SIFIs"），这就意味着

---

① http：//financialservices. house. gov/uploadedfiles/11 – 15 – 12_mf_global_staff_report_ 001. pdf.

② 金融稳定监督委员会，2011 年度报告，http：//www. treasury. gov/initiatives. fsoc/Dociments/FSOCAR2011. pdf.

对这些选定的机构增加了监督而且要求它们持有更多的资本金。这一努力的拥护者提出对系统性重要企业的监管减轻了此类企业倒闭所带来的风险，因为它可能会影响到金融系统的稳定并且会危害到实体经济。然而，这些指定以及指定背后的过程遭遇到了重大争议和诉讼。

在我担任证券交易委员会的总检察长时，我参加了金融监督监察长委员会（"CIGFO"），该委员会的成立也是因《多德—弗兰克法案》的要求，便利金融稳定监督委员会的各部门与各机构的监察长们分享信息。金融监督监察长委员会还肩负着联合监督金融稳定监督委员会的任务，以保证各部门和监管机构间的有效协调与合作。依据我对金融监督监察长委员会的认识，我能够看到金融稳定监督委员会的活动除了如选择系统性重要金融机构这样的特定活动外还显示了一定承诺，金融稳定监督委会创立的事实确实迫使这些监管者见面，做出更大的努力协调解决某些较大与市场相关的金融问题。在金融稳定监督委员会成立之前，我根本就没有看到证券交易委员会会和商品期货交易委员会之间有多少协调合作，比如说，即使是一个机构不同意金融稳定监督委员会作出的特定决策，也很少见到他们在努力协调，我个人认为相互之间的交谈是一个积极趋势。然而，尽管金融稳定监督委员会是以一种更为统一的态度分析这些更为广泛的金融市场的问题，但对监管机构日复一日的要求并未产生重大的影响。尽管对金融企业和需要保护的投资者都不利，监管重叠和混淆依然存在。

14.4 理解监管环境

因此，公司需要理解，监管环境不太可能在不久的将来发生重大改变，公司必须拥有必要的手段来应对重叠的监管要求。正如本书所展示的那样，解决来自于多个监管实体的对公司的管制、检查和调查的监管压力最有效的途径是分别解决每一个问题，努力了解他们的特殊动机和工作议程。应对证券交易委员会的执法行动所涉及的策略与应对商品期货交易委员会、金融业监管局或国家期货协会的执法行动大相径庭。必须了解执行调查的机构掌握了哪些资源以及专家的水平高低和他们各自对于和解所持的观点，这样才能提出应对该事件的最佳途径。类似的，基于检查是由证券交易委员会、金融业监管局或者国家期货协会组织的，检查中寻求的信息以及检查者的精明程度也会变化多端。因此，被检查企业所采取的应对方法也就必须各有不同了。

面对无论是由证券交易委员会或者是司法部或者两家同时发起的《反海外腐败法》调查，必须很好地了解特殊的检察官或执法律师的动机才能很好地进行辩护。此外，公司必须特别小心的与内部的举报者打交道，而且必须了解他们开展内部调查的方法将会在多大程度上引起曝光。也许最重要的是为了恰当回应监管的要求，公司必须开发出有效的、深思熟虑的政策和程序，确保组织内部的问责制度，并且建立贯穿整个组织的道德文化。

最后，公司应该认识到这样一个事实，公司也是有方法来影响监管过程的，比如参加规则制定，无论是作为交易协会的一分子还是只提供对于他们公司来说是独一无二的反馈。另外，与监管者建立起友好积极关系的重要性几乎与客户建立起良好的关系完全一样。而要实现这个目标就需要了解每个单独的监管者的使命、观点和做事方法；倾听监管者关心的是什么；在监管沟通中组织有序、公开且积极回应；信守对监管者所作的承诺；向监管者展示出你们的目标就是遵守管制并且与监管者合作。公司采纳了这一建议，同时在具有特殊专业知识的合格专业人员协助下，并且充分理解监管与监管者，公司就能面对这些监管挑战，采取必要的措施满足监管要求同时还能保持业务的增长与繁荣。

关于网站

了解更多关于合规的信息，请访问本书的辅助网站 www. wiley. com/go/kotzregulation。

下载模型的密码是：secreg15。

索　引

Compiled by INDEXING SPECIALISTS (UK) Ltd. 由 INDEXING SPECIALISTS (UK) Ltd 公司编制